信州・りんご農家の知恵と工夫

せっちゃんの保存食

飛田和緒
せっちゃん（料理）

KADOKAWA

はじめに　飛田和緒

せっちゃんとのおつきあいもかれこれ15年以上になり、その間何度もせっちゃんのお宅に通っては保存食をごちそうになったり、畑の手伝いをしたり、娘も一緒にお邪魔したりして家族ぐるみのおつきあいに。実は、せっちゃんはこの本のスタッフのおばさま。わたしが本作りに行き詰まっているときに「私のおば、料理に熱心でいろいろ作っているのよ」と紹介をしてくれたのがきっかけでした。

食卓に並ぶ料理はひとつひとつていねいに作られたものばかり。しかも素材はほぼ畑や庭で栽培されたものや自生のものを使い、その収穫方法にも持論がある。たとえば桃は完熟する前、かたいうちに収穫し、シロップ漬けにする。かたい桃、切り口のエッジがたっているくらいでないといけないというのです。ですから、桃を切った瞬間に今日はおいしくできると確信します。桃に包丁を入れた瞬間、ちょっとでもやわらかいと、気がすすまなくなる。長年作り続けて、これが一番自分好みのおいしさになるやり方と自信を持っているからこそなのでしょう。

そんな話を聞いているとただ食べるだけでなく、実際に作るところを見たくなって、手伝うようになりました。せっちゃん流はとにかくおもしろくって感心するばかり。まず道具は洗いおけやざるまでこの仕込みにはこの道具と決まりがある。切り方もそう。せん切りもどう切るかで仕上がりがかわってくるから、御指南いただ

く。野菜や果物の収穫の仕方から、どこで洗い、どこで塩もみし、どう切るか、どれをとってもゆるぎなく、すべてせっちゃんは決めている。レシピをご覧いただくとおわかりになってもらえると思いますが、大量に仕込むから、ルーティーンが狂うと、ペースが崩れてしまうというのもあるのかもしれません。

お手伝いがすすむうちに、さらに欲が膨らみます。自分たちのためにレシピや写真をまとめておこうということになり、「せっちゃんの会」と称して、写真を撮り、レシピと合わせて毎回データにまとめるようになりました。会のメンバーはそれぞれ職種は違いますが、みな料理にかかわる仕事をしていることもあって、データがたまるうちに自然と本にまとめておくべきではと思うようになったのです。せっちゃんはそんなつもりで私たちとおつきあいくださっていたわけではないので、本にする話が持ち上がったときにはとまどいもありましたが、娘たち、孫たちに自分の味を残したいという思いで、本作りを承諾してくれました。

説明が長くなりましたが、このような経緯でこの一冊がまとまりました。最初から本を意識して写真を撮りためていたわけではないこともお伝えしておきます。長年の積み重ねをどう読者のみなさんにお伝えできるか、せっちゃんの家族に残せるのか、悩んだ末にわたしたちの記録を本にしていただきました。

夏のあいだにせっちゃんのところにうかがうと、わたしの大好物をご馳走してくれます。保存食以外で目当てがあるのです。旧暦の七夕の料理、夕顔がはいった七夕汁。一度食べたら忘れられない味で、夕顔がとろとろにやわらかく煮込まれて、ほかの夏野菜の味を含んで、口にいれるとトロンじゅわって溶けていきます。せっちゃんは必ず前日に連絡をくれて、「明日何食べたい」って聞いてくれます。でもですね、もうせっちゃんの頭の中にはすでに献立が描かれているのです。その気持ちがうれしくて、わたしも七夕汁をリクエストします。

春夏に大量に保存食を作っておくと冬のあいだちょっと楽ができるのよ。アリとキリギリスのようなことを言うせっちゃんですが、その保存食の瓶詰めや冷凍ストックの術も圧巻。蔵や自宅の廊下に並ぶ食器棚にびっしりと瓶がきれいに並び、冷凍庫の引き出しには袋詰めされたものが整頓されています。「準備と整理をするのは後の始末が良いからなの」と教わりました。

せっちゃんはイメージ通りにできなかったとき、でも食べられないわけではなく、むしろ我々にはこれの何が気に入らないのというくらいの出来でも、せっちゃんは自分を許さない。出来上がったものはさっさっと見切りをつけて、我々の荷物置き場の部屋のテーブルにおいていく。すべて持って帰ってちょうだいの合図。そしてまたすぐにリベンジするのがせっちゃんなのです。だからおじゃましてすでに所定の位置に瓶詰めがあると、ああん、気に入らないのね、とだまってかばんに入れて持ち帰ることにしています。

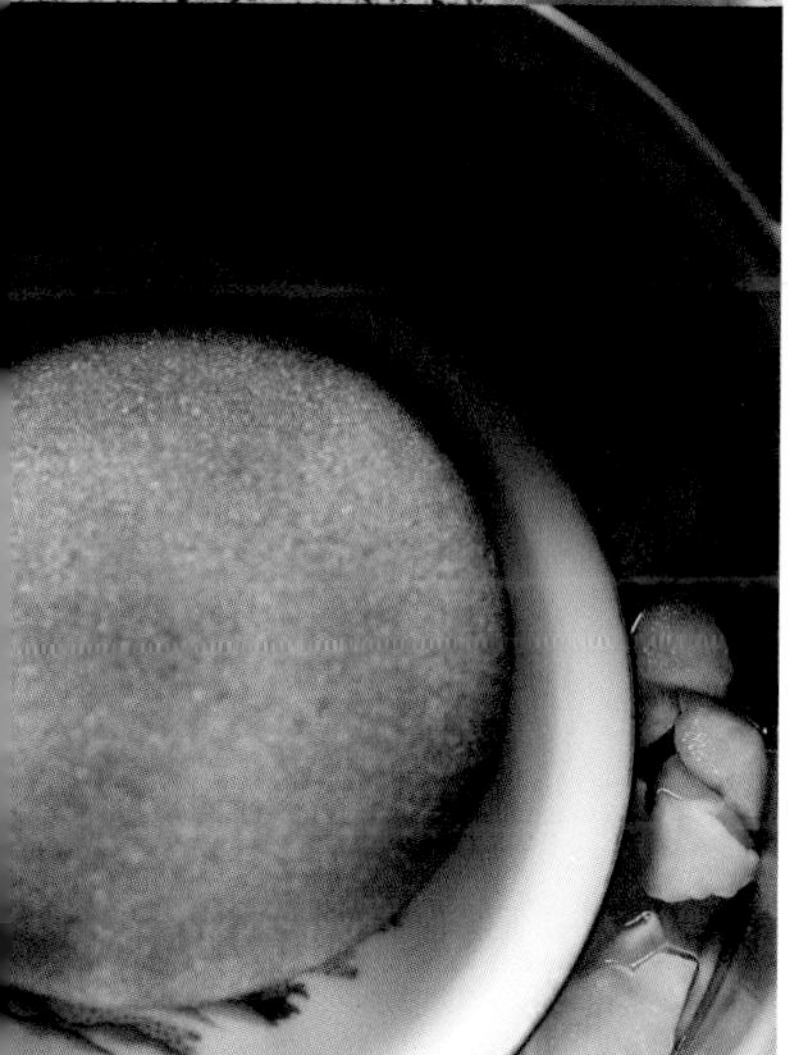

畑仕事のあいまに水が飲みたくなると、葡萄棚の下で一休みしながら、ぶどうを立ち食い。これがわたしの水分補給なのというせっちゃん。ひとりずつぶどうにかかっている袋をはずして食べ、また袋をかけてボトルキープならぬ、ぶどうキープ。食べきれなかった分は房ごと持ち帰り。これもせっちゃんのルーティーン。

そんなチャーミングなせっちゃん、みんなのおなかをいつも気にしているせっちゃん、もう満腹、ごちそうさまって箸をおくと必ず寒天寄せや栗きんとんを出してくるせっちゃんが愛おしくてしかたがない。家族ぐるみとはいえ、旅行や外食に行ったり、お互いの家を行き来するでもなく、せっちゃんのおうちで過ごす一泊二日の短い時間ですけれど、家族皆さんでいつも温かく迎えてくださり、濃密なおつきあいをありがとうございます。ごはんを囲む時間は人と人をこれほどまでに繋いでくれるのだと、あらためて感じています。

笑いの耐えないせっちゃんのお人柄がつなげてくれたと感謝しています。

せっちゃんの保存食　目次

夏の保存食 36

夏の常備菜 66

秋の保存食

秋の常備菜

〈レシピの表記について〉

・小さじ1は5㎖、大さじ1は15㎖、1カップは200㎖です。1合は180㎖です。

・加熱機器はガスコンロ使用を基準にしています。IH調理器などの場合は調理機器の表示を参考にしてください。

・顆粒和風だしは昆布主体のものを使用しています。粉末の昆布茶でも代用できます。

・材料の分量が多いと感じる場合は、好みの量に減らし、調味料なども同様の割合で減らして作りやすい分量に調整してください。火加減や漬ける時間等も多少異なります。

・漬ける時間、保存期間は目安です。気温や冷暗所の環境などによっても異なりますので、様子をみながら調整してください。

春の保存食

ある日の食卓

右から
くるみ入り田作り
（117ページ）
野沢菜のかぶの甘酢漬け
（107ページ）
ふりかけ
（116ページ）
はやとうりのピクルス
（90ページ）
わらびとたけのこのしょうゆ漬け
（18ページ）
甘い梅干し漬け
（47ページ）
新しょうがの切り昆布煮
（26ページ）
いちじくのシロップ煮
（86ページ）

右から

ゆでアスパラガス（29ページ）

春の野沢菜のしょうゆ漬け

春菊のおひたし

せん切り大根と葉の塩もみ

わらびとたけのこのしょうゆ漬け（18ページ）

小かぶの浅漬け

野沢菜漬けのピリ辛炒め（115ページ）

うどとさば缶の煮もの（23ページ）

収穫したり、親せきから届いたり、次々と山菜がせっちゃんのところに集まります。右はこごみ、左ははちく。

春の息吹を感じる山菜の保存食からスタート。まずは収穫から始まります

せっちゃんの春はりんごの摘果作業もあって目の回るような忙しさ。外仕事と同時進行で春はたくさんの保存食を仕込みます。まずは山菜。たけのこ、ふき、わらび、うどを。季節の新しょうが、らっきょう、いちご……。ここですべて紹介しきれないけれど、わたしが毎年お邪魔して食べさせてもらっているものを選んでご紹介します。

素材はせっちゃんの家の庭や畑で採れるものがほとんど。毎日素材の様子をみて今日が絶好の調理日、というタイミングを逃さず収穫して台所に運び、仕込みます。芽吹く、背丈がちょうどよい長さに伸びる、太くなるなど、せっちゃんの目は一番よいときを逃さない。これがおいしく作る最初のポイントだと言います。長年続けてきた仕事だからなし得る業でしょう。そしてその収穫の早さにもいつも惚れ惚れさせられます。どの茎がやわらかそうで、おいしいか、手も早い早い。あっというまに山菜がかごいっぱい、山積みになります。新しょうがは産地からお取り寄せ。自宅で採れるものだけでも十分な種類があるのに、好きな人がいるから、おいしいって言ってくれる人がいるからとせっちゃんは作るのです。

裏庭で大きく葉を広げたふきの収穫のお手伝い。これがまた楽しい作業です。

【ふき】

上・ふきは収穫したら、長さや太さを揃えて束ねておきます。下・春になると裏庭がふき畑に。

きゃらぶきに昆布を入れて煮上げます

ふきは庭に自生しています。茎が伸び、傘になるほど大きく葉が広がると収穫のとき。大胆にやわらかな部分で折って、太さや長さを揃え束ねて準備します。

きゃらぶきは切り昆布を入れて煮るのがせっちゃんスタイル。「こうするとよりご飯に合うような気がするの」と昆布をひとつかみどっさりと入れる。あー入れすぎたなんて叫んでいることもあったけど、それもまたせっちゃんならでは。「一喜一憂しながら作るから毎年楽しいの」と、どうやってもおいしい味を作り出します。

きゃらぶき

［材料］

ふき　2kg

塩　適量

煮汁
- 砂糖　140g
- 酢　½カップ
- みりん　¾カップ
- しょうゆ　1¼カップ

はちみつ、切り昆布　各適量

［作り方］

①ふきはたわしで洗い、5cm長さに切る。

②鍋に①、たっぷりの水と塩（塩分濃度3%程度に）を入れて火にかける。ふきが少しやわらかくなるまでゆでる（a）。

③ざるにあけ、水に一晩つける（b）。再びざるにあける。

④鍋に煮汁の材料を入れて火にかけ、煮立たせる。③を加えて20分ほど煮たら切り昆布、はちみつを加えて煮詰める。最後は強火にして炒り煮にする（c）。

◎はちみつ、切り昆布は好みで入れても、入れなくても。

◎はちみつの代わりに水あめを使ってもよい。

［保存期間］冷蔵で約1か月、冷凍で約1年

a
「必ず1本つまんで確認を。ここでは少しかためくらいで大丈夫」

b
ゆで上がったら、たっぷりの水につけてアクを抜きます。

c
「汁けがほぼなくなるまでとばすと、味も、日持ちもよくなるの」

「料理はね、毎回味が違うの。今日は甘めのやさしい味」せっちゃん

「懐かしい味。昔はよく食べてたの」

せっちゃん

ふき菓子

[材料]

ふき　1kg

グラニュー糖　300g＋適量

塩　適量＋10g

はちみつ（好みで）　大さじ1

[作り方]

①ふきは根元を切り揃える（洗わなくてよい）。

②鍋に湯を沸かし、塩（塩分濃度3％程度に）を入れる。

①を根元から入れ、少しやわらかくなったら先端まで入れる（a）。

③全体がやわらかくなったら水にとる。

④根元を上にして持ち、根元から皮をぐるりと少しむいてから、その皮を下に引いて皮をむく（b）。7〜8㎝長さに切り、再び水につける。何度か水を替えてアク抜きする。

⑤鍋にふきを入れ、グラニュー糖300gと塩10gを加える。全体を混ぜてからふたをし、中火にかけ、煮立ったら弱火にし、汁がほとんどなくなるまで煮る。

⑥はちみつを加え、混ぜながら煮詰める。へらにまとわりつくような重さを感じ、ふきにつやが出てきたら、火を止める。鍋肌につかないようほぐしながらうちわであおぎ、冷ます。

⑦包装紙などにグラニュー糖適量を広げ、ふきをその上におき、まんべんなくからめて1本ずつ並べ、グラニュー糖がカリカリになるまで乾燥させる。

[保存期間] 冷蔵で約2か月、冷凍で約1年

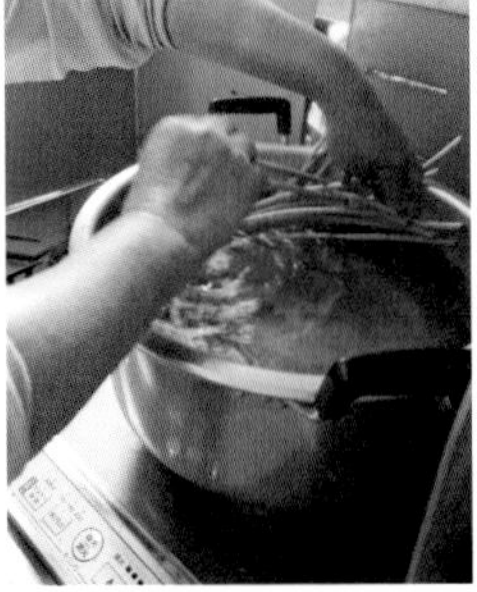

a
あとで皮をむくので、長いままで。根元から入れてゆでます。

b
「皮を少しだけ、ぐるりとむいてから全部持って下に引けばいいのよ」

【わらび】

わらびはじゃみじゃみの塩で漬けます

わらびは太いものを選んで束ね、まずはそれに重曹をふりかけて熱湯をタプタプにかけて一晩アク抜き。それから大量の塩とともに樽に漬けていくだけ。「じゃみじゃみ塩をしておくだけで長く保存できて、いつでもわらびが食べられるのよ」とせっちゃん。じゃみじゃみはせっちゃん語で、たっぷりとか、どんどんという意味。こうしておくことで煮ものにしたり、炒めたり、ご飯と炊いたり、汁ものに入れたり。下ごしらえしておくこと、素材を無駄なく大事に食べることを教わりました。

わらびの塩漬け

【材料】
わらび　1kg
重曹　適量
塩　300g

【作り方】
①わらびは長さを揃え、ひもで縛って直径約7cmの束にする。
②金バケツに①を並べ、重曹大さじ1をふる。一段ごとにこれを繰り返す。
③②に熱湯をわらびが隠れるくらいまで注ぐ。皿などで重石をし、一晩おいてアク抜きする。ざるにあけ、水洗いする。
④保存容器にわらびを並べ、塩をふる。一段ごとにこれを繰り返す（一番上は多めに塩をふる）。押しぶたをし、重石をのせる（a）。

【保存期間】冷暗所で約半年

a
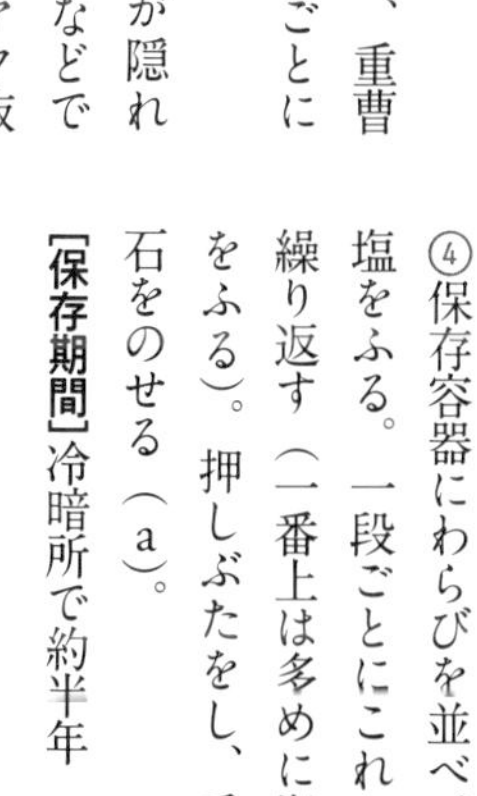
重石はあまり重くなくて大丈夫。わらびが浮かない程度の重石をのせます。

「わらびの塩漬け」を使って

わらびのしょうゆ漬け

【材料と作り方】

①「わらびの塩漬け」（P17）10束（約2.5kg）を水洗いしてから、水に一晩つけて塩抜きする。途中、水を2〜3回替えて塩抜きする。

②鍋に漬け汁の材料（しょうゆ720㎖、砂糖300g、酢360㎖）を入れて煮立たせ、そのままおいて冷ます。

③①のわらびを4〜5㎝長さに切り、ペーパータオルなどで水けを拭く。

④保存容器に③を入れ、②を注いで押しぶたをし、皿などで重石をする。

わらびとたけのこのしょうゆ漬け

「わらびのしょうゆ漬け」（上記参照）にたけのこの水煮（P20）の細切り適量を混ぜれば、歯ざわりのよい一品に。

わらびの混ぜご飯

【材料と作り方】

①「わらびの塩漬け」（P17）1束（約250g）は、「わらびのしょうゆ漬け」の作り方①と同様に塩抜きする。1㎝長さに切る。

②米3合を洗い、ざるにあけて約30分おく。

③炊飯器に②、酒大さじ3、塩小さじ1、顆粒和風だし5gを入れ、3合の目盛りまで水を加えて、よく混ぜて炊く。

④鍋にサラダ油大さじ1½を入れて火にかけ、①をさっと炒める。酒大さじ3、しょうゆ、みりん各大さじ2、砂糖少々、顆粒和風だし5gを加え、汁けがなくなるまで炒め煮にする。

⑤③が炊き上がったら④を加えて混ぜる。

【たけのこ】

たけのこは水煮にして瓶詰めにしておきます

たけのこの保存を教わってから、毎年たけのこの時期が楽しみでなりません。自分でゆでたたけのこと市販の水煮たけのこはまったく別物と言ってもいいほど味や食感が違うから、一年中ゆでたものが食べられたらなと思っていたところでした。せっちゃんありがとう。

せっちゃんのように大量には仕込めなかったけど、今年は2瓶作りました。ゆでたたけのこと塩水と酢を合わせて瓶詰めにしてしっかりと脱気しておけば、歯ごたえのよいたけのこがいつでも食べられます。

「たけのこが出回るときに作っておくと、炒めものや炊き込みご飯に使えて便利なの」せっちゃん

孟宗竹、真竹、はちくなど、たけのこの種類を瓶のふたに記します。たけのこはせん切りや乱切りなど、切り方を変えて瓶詰めにしておくと、その後の使い勝手がよいです。

たけのこの水煮

【材料】
たけのこ（今回は淡竹）　適量
米ぬか　ひとつかみ
赤とうがらし　2本
塩、酢　各適量

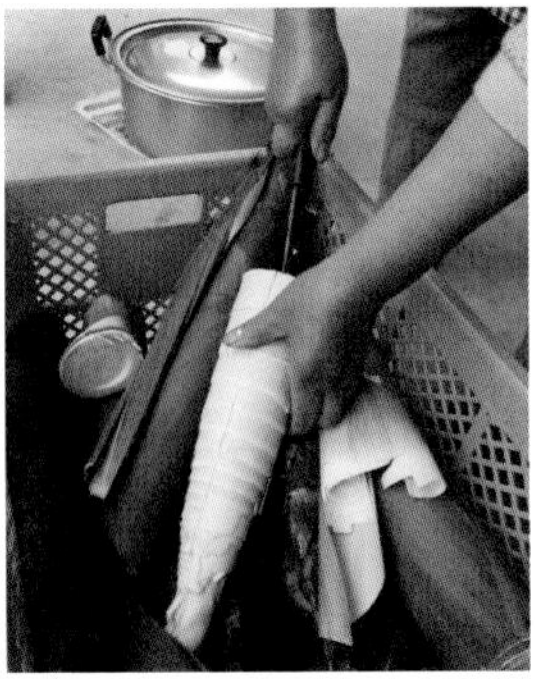

①たけのこは縦に切り目を入れて皮をむく。縦半分に切る。

②①、米ぬか、赤とうがらしとともにひたひたの水を入れる（米ぬかではなく、米のとぎ汁でもよい）。

③落としぶたをして火にかけ、やわらかくなるまでゆでる。火を止めてそのまま冷まし、水で洗って1～2時間水につける。

④③を水でよく洗い、好みの大きさに切る。

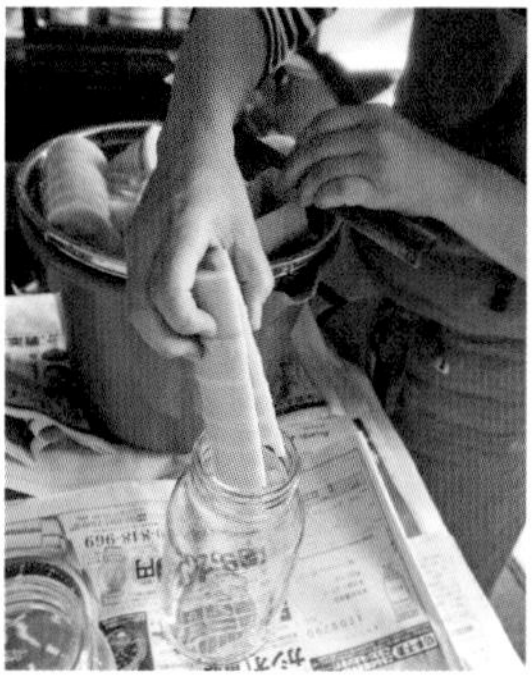

⑤煮沸消毒した瓶に④のたけのこを詰める。

⑥瓶（450㎖）1個につき塩小さじ1、酢小さじ2を入れ、水を瓶のふちギリギリまで注いで軽くふたをする。

⑦蒸し器にかけて脱気、殺菌する（124ページ参照）。

【保存期間】冷暗所で約1年

脱気、殺菌をする時には、背の高い鍋を使用。せっちゃんがお嫁にきたときにはもうあって60年以上使っているそうです。

「たけのこの水煮」を使って

たけのこご飯

【材料と作り方】

①「たけのこの水煮」（P20）200gを瓶から出し、粗く刻んで水に約30分つけて塩抜きし、ざるにあける。

②鍋にサラダ油大さじ1を熱し、①をさっと炒める。酒、みりん各大さじ1、砂糖小さじ1、顆粒和風だし5g、白しょうゆ大さじ1を加えて混ぜる。ふたをして弱火にし、汁けがなくなったら火を止めて、そのまま冷ます。

③うるち米2合、もち米1合を合わせて洗い、ざるにあけて約30分おく。

④炊飯器に③、塩小さじ½、薄口しょうゆ25㎖、酒大さじ1、顆粒和風だし5g、水550㎖を入れ、よく混ぜてから②をのせて炊く。

たけのこのピリ辛炒め

【材料と作り方】

①「たけのこの水煮」（P20）の細切り200gをざるにあけ、たっぷりの水に30分ほどつけて塩抜きする。

②フライパンにサラダ油（またはごま油）小さじ1を熱し、①をさっと炒める。みりん大さじ1½、とりガラスープの素、顆粒和風だし各5g、赤とうがらしの輪切り適量、水¼カップを加え、炒め煮にし、味をみて塩で味を調える。

【うど】

うどの塩漬け

【材料】
うど　適量
塩　うどの重量の30%

【作り方】
①うどは葉先、根元を切る。
②桶に塩をし、①を入れ、再び塩をふるのを繰り返す。押しぶたをし、重めの重石をのせ、水が上がってきたら重石を軽くする。
◎うどが少量の場合、短冊切りや斜め薄切りにしてから、うどの重量の5%の塩、10%の酢と混ぜ合わせ、冷凍用保存袋に入れて冷凍してもよい（冷蔵でも2～3か月保存可能）。

【保存期間】冷暗所で約半年

「うどの塩漬け」を使って
うどとさば缶の煮もの

【材料と作り方】
①「うどの塩漬け」(上記)600gを水洗いし、食べやすい長さに切ってから2～3時間水につけて塩抜きし、ざるにあける（塩けが強ければもっと長く水につける）。
②鍋にサラダ油大さじ2を熱し、①をさっと炒める。さばの水煮缶1缶、赤とうがらしの輪切り少々、酒、みりん各大さじ4、しょうゆ大さじ2、砂糖大さじ1、顆粒和風だし10gを加えて炒め煮にする。

【新しょうが】

新しょうがは甘酢漬けと佃煮と決めています

毎年決まったところから取り寄せて作る甘酢漬けと佃煮。まずはしょうがを切る。これがスライサーで切るか、包丁でやや厚みを持たせて切るかで、仕上がりが違ってくるから、切り方を決めて揃えること。甘酢漬けはちょっと甘めに、佃煮はしょうゆ味をしっかりと含ませて。甘酢漬けはしょうがの水けをざるにあけてきるだけ、佃煮はしっかり絞るのがポイント。佃煮はせっちゃんお得意の切り昆布入り。「何にでも昆布を入れちゃうのよね」。どちらもご飯に合うので、お嬢さんのお弁当作りで、とても重宝するそうです。

新しょうがの甘酢漬け

【材料】
新しょうが　2kg
塩　150g
甘酢
- 砂糖　600g
- 酢　270ml
- はちみつ（好みで）　適量

【作り方】

①しょうがはさっと洗い、皮をこそげる。

②スライサーで薄切りにする（包丁でもよい）。

③さっと水で洗う。

④鍋に③を入れ、ひたひたの水、塩を加え、塩が溶けるまで混ぜる。時々かき混ぜながら一晩漬ける。別の鍋に甘酢の材料を入れて中火にかけ、砂糖が溶けて煮立ったら火を止めて、そのまま冷ます。

⑤④のしょうがは洗わずにざるにあける。水けを絞り、保存容器に入れる。

⑥⑤に④の甘酢を注ぐ。常温に2〜3日おいたら、漬け汁だけ取り出して、一度煮立たせる。熱いうちにしょうがにかける。これを2〜3日おきに、2〜3回繰り返す。

【保存期間】冷暗所で約1年

新しょうがの切り昆布煮

［材料］
新しょうが　1kg
しょうゆ、みりん　各1カップ
砂糖　250g
切り昆布　40〜50g
はちみつ　適量
花がつお　40〜50g
白いりごま　20〜25g

［作り方］
①しょうがの皮をこそげて薄切りにし、たっぷりの湯で20分ほどゆでる。
②湯をきり、水につける。途中水を3回替え、2時間ほどおいてアク抜きする（しょうがの辛みが好きな人は短めに）。
③②をざるにあけ、水けをしっかり絞って鍋に入れる（a）。しょうゆ、みりん、砂糖を加えて、混ぜながら火にかける。
④20分ほど煮たら切り昆布、はちみつを加える。汁けがなくなる寸前に花がつおを加えて混ぜる。火を止め、ごまを加えてよく混ぜる（b）。

［保存期間］冷蔵で約1か月、冷凍で約1年

a
味が入るようにギュッとしっかり水けを絞ります。

b
花がつおを加えたらよく混ぜて、残った汁けを吸わせます。

【らっきょう】

らっきょうのしょうゆ漬け

【材料】
らっきょう　正味1kg
赤とうがらしのみじん切り
　2本分
しょうゆ、みりん　各500mℓ

【作り方】
①鍋にしょうゆ、みりん、赤とうがらしを入れて中火にかけ、煮立ったら火を止めてそのまま冷ます。
②らっきょうは薄皮をむいて洗い、上下を切り落とす。ボウルに入れ、熱湯をかける。ざるにあけ、湯をきり、ペーパータオルで水けをふく。
③保存容器に②を入れ、①を注いで皿などで重石をする。1週間後くらいから食べられる。

【保存期間】冷蔵で約6か月

らっきょうの甘酢漬け

【材料】
らっきょう　正味1kg
塩　100g
甘酢
　砂糖　300〜350g
　酢　3カップ
　塩　30g
　赤とうがらし　2本

【作り方】
①らっきょうは薄皮をむき、洗って上下を切り落とす。
②容器に塩、水2½カップを入れて混ぜ、①を漬ける。皿などで重石をし、冷暗所に10日間くらいおき、時々混ぜる。
③鍋に甘酢の材料を入れて中火にかける。沸騰したら火を止め、そのまま冷ます。
④②を一晩水につけ、少し塩けが残るくらいまで塩抜きし、ざるにあける。ボウルに入れて熱湯をかけ、ざるにあける。ペーパータオルで水けをふく。
⑤保存瓶に④を入れ、③を注ぐ。

【保存期間】冷暗所で約半年

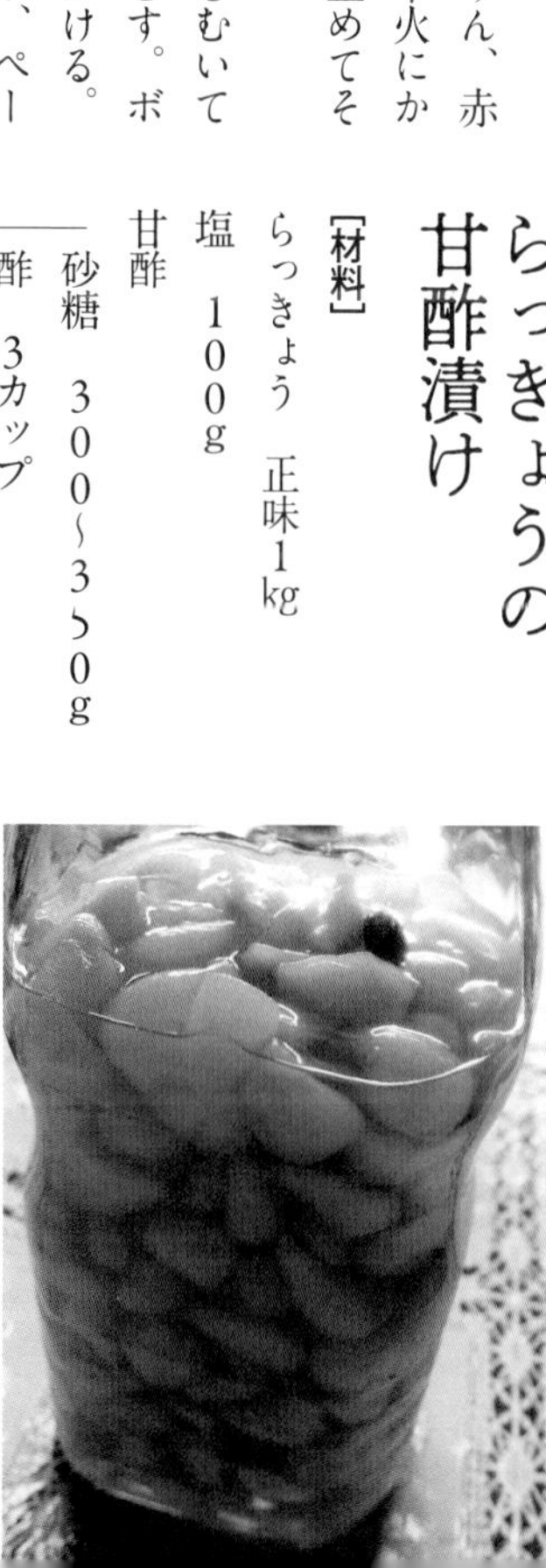

「浅漬かりのときには刻んでおかかかけて食べるのも好き」せっちゃん

【いちご】

色鮮やかに真っ赤に仕上げるいちごジャム

せっちゃんのジャムはブルーベリー以外は果物の形を残さず煮ます。いちごも手で潰してから煮るので、出来上がりはいちごの形がまったくない色鮮やかな真っ赤なペースト状。

「音がピチピチして、へらにまとわりつくまで一気に煮詰めるでね」。鍋からひとときも離れずに仕上げます。いちごのアクがふわふわっと浮いてくるのを、これうちの娘大好きなのよって伝えると、疑うような目をしていたせっちゃん。いちごのふわふわのせホットミルク。いつか試してみてほしいな。

いちごジャム

【材料】

いちご　500g
グラニュー糖　250g
レモン汁　レモン1個分
はちみつ　適量

【作り方】

①いちごはへたを取って洗い、水けをきる。
②鍋（ホーローまたは厚手のステンレス）に①を手で潰しながら入れる。グラニュー糖を加えてよく混ぜ、グラニュー糖が溶けるまでおく。
③②を中火にかけ、へらで混ぜる。沸騰してきたらアクを除く。
④レモン汁、はちみつを加え、火を強めて手早く水分をとばす。とろみがついたら出来上がり。熱いうちに煮沸した瓶に入れてふたをする。

【保存期間】冷蔵で約1年（変色しにくいので冷蔵がおすすめ）

春の常備菜

ゆでこごみ

【材料と作り方】
①鍋にたっぷりの湯を沸かし、塩適量（やや強め）を加えたところに、こごみ適量を入れてゆでる。
②指でつまんでみて、少しやわらかくなったらざるにあける。流水でよく洗い、水に約30分つける。
③②をざるにあけ、食べやすい長さに切り、ボウルに入れる。塩少々を加えて混ぜる。
◎おひたし、ごまあえ、マヨネーズあえなどに。

ゆでアスパラガス

【材料と作り方】
①鍋にたっぷりの湯を沸かし、塩適量（やや強め）を加えたところに、グリーンアスパラガス適量を根元から立てて入れ、10秒たったら全部入れる。
②指でつまんでみて、少しやわらかくなったら取り出して、さっと水につけてからざるにあける。5cm長さに切ってボウルに入れ、塩少々を加えて混ぜる。
◎サラダ、ごまあえ、マヨネーズあえなどに。

新玉ねぎドレッシング

【材料と作り方】
①新玉ねぎ2個はみじん切りにしてボウルに入れ、15分そのままおく。
②①にサラダ油¾カップ、砂糖大さじ3、塩小さじ2、酢¾カップ、みりん、酒、薄口しょうゆ各½カップを加え、よく混ぜ合わせる。

「ゆでたら塩をしておくと日持ちして便利なの」せっちゃん

せっちゃんの保存食

和緒流の楽しみ方

春編

瓶詰めのおかげでいつでも シャキッとしたたけのこが食べられます

たけのこの瓶詰めは目からうろこ。毎年近所のかたからたくさんいただくたけのこ、食べきれずにせっせとゆでては友人に届けていました。この瓶詰めのやり方を教わってからは、瓶詰めを友人におすそ分け。これなら届けるのも食べるのもすぐでなくてもよくなりました。切り方を変えて保存するというのもせっちゃんらしい。せん切りは炒めものや春巻きやスープの具にして、大きく切ったものは煮ものにと、瓶から出してそのまますぐに使えるよう工夫がされています。

甘酢しょうがはそのまま食べるほか、刻んでご飯に混ぜたり、豚肉と炒めてもおいしい。天ぷらにすると、甘酢の味がやさしくなってバクバク食べられる。添えものではなくなります。

いちごジャムは惚れ惚れするほど色がきれい。生クリームやヨーグルトと混ぜるとピンク色に変わります。

たけのこの水煮（P20）で

たけのこの中華炒め

たけのこの水煮は、必ず味をみてください。たけのこに塩けがあるので、味つけはほとんどせずに最後にしょうゆをまわし入れて香りをつければ十分です。

［材料］（2～3人分）

たけのこの水煮（細切り）
　250g

牛カルビ焼き肉用肉
　150g

きくらげ　大4枚

塩　少々

しょうゆ　小さじ1

粗びき黒こしょう　少々

米油　小さじ2

［作り方］

①たけのこは瓶から出して汁けをきる（味をみて塩けが強い場合は水で洗い流す。または水にしばらくつけて塩抜きする）。

②きくらげは水に約20分つけて戻し、水けをきって1cm幅の細切り、牛肉も同様に切る。

③フライパンに米油を入れて中火で熱し、牛肉を炒める。牛肉の色が変わったら塩をふって取り出す。

④同じフライパンにたけのこを入れて炒め、全体に油がなじんだらきくらげを加えて同様に炒める。牛肉を戻し入れ、しょうゆを鍋肌から加えてさっと炒め合わせる。器に盛り、こしょうをふる。

新しょうがの甘酢漬け（P24）で

甘酢しょうがとたこのかき揚げ

たこ焼きのような味わいですが、揚げた香ばしさも加わって乙な1品に。お酒のつまみにもぴったりです。揚げるときにははねないように、たこはしっかり水けを拭いてください。

【材料】（2人分）
新しょうがの甘酢漬け　100g
ゆでだこの足　1本
片栗粉　大さじ2
衣
　冷水　1/3カップ強
　小麦粉　1/2カップ
揚げ油　適量

【作り方】
①新しょうがの甘酢漬けは細切りにし、汁けを絞る。たこは一口大の薄切りにし、ペーパータオルでしっかりと水けを拭いて片栗粉をまぶす。
②ボウルに衣の材料を入れてさっくりと混ぜ、①の甘酢しょうが、たこを加えて混ぜる。
③揚げ油を中温（約170℃）に熱し、スプーンで②を一口大ずつ落とす。カラッと揚がったら取り出して油をきる。

いちごジャム（P28）で

トーストのいちごヨーグルトクリームのっけ

いちごを潰して、なめらかに仕上げるせっちゃんのジャム。トーストにそのままのせてもおいしいのですが、水きりヨーグルトと混ぜたらリッチないちごクリームに。

【材料】（2人分）
いちごジャム　大さじ2〜3
プレーンヨーグルト　2カップ
食パン　2枚

【作り方】
①ボウルにざるを重ねたところにペーパータオルを敷き、ヨーグルトをのせる。冷蔵室に2〜3時間おいて、水きりする。
②①をボウルに入れ、ジャムを加えて軽く混ぜる。
③パンをトーストし、②をたっぷりのせる。
●フレンチトーストやパンケーキに添えるのもおすすめ。

春から夏へ

夏の保存食

ある日の食卓

右から

きゅうりのからし漬け（66ページ）

栗の寒天寄せ（栗のシロップ煮78ページ）

ハンバーグの玉ねぎドレッシング煮（新玉ねぎドレッシング29ページ）

七夕汁

ごはん

夕顔のそぼろ煮（66ページ）

昆布の佃煮

金時豆の甘煮

ゴーヤーの佃煮（88ページ）

夕顔のそぼろ煮（66ページ）

みょうがの佃煮（57ページ）

ゴーヤーのおかかあえ

豚トロ塩麹漬け焼き

豚肉のトマトシチュー（トマトの水煮60ページ）

コロッケ

赤いんげん豆入り栗おこわ

わらびのしょうゆ漬け（18ページ）

冷凍里芋の煮もの（冷凍里芋123ページ）

たらのすき身の煮もの

かぼちゃのほくほく煮（67ページ）

右・みょうがも裏庭に自生している。この大量のみょうがも佃煮にすると、かさが減って、数瓶しかできない。
左・ぷっくりと膨らみ、真っ赤に熟れたトマトは水煮やピューレに。

夏の始まりは梅の塩もみから。根気よくもむと色鮮やかに、香りも広がります

夏の食卓は夕顔の煮物と、夕顔が入った七夕汁を囲むように保存食が並びます。夏のスタートは梅。梅を塩でもむ作業は根気がいる作業。「梅がこすれる音が違ってくる、花のような香りからやや青臭いにおいに変わってくる。梅につやが出てきて、表面に透明感が出てしっとりしたらもみ終了」と梅もみのポイントを教わったけれど、毎年一、二度もんだくらいではこの感覚がいまひとつつかめず、続けるしかないと思っています。「初めての人は3分もたないのよ」と言われて、いざ挑戦してみると本当に息があがる重労働。手先でもまずに腰を一回一回落としながら体全体でリズムよくもむこと20分。せっちゃんはこれをひとりでやってしまうけど、わたしたちスタッフは交代でもみました……。

甘い梅干しは「干し上がってかためだったら一粒ずつもむと果肉離れがいいの」。そのひとつひとつのていねいな作業が、せっちゃんの言葉でいうと「まてい」がおいしさを生むのです。出来上がる前にやるべきことはすべてていねいに、手を抜かずに仕込んでおくこと、これがせっちゃんの保存食作りです。

畑を散策。喉が渇いたら、ナイアガラをつまんで水分補給。

【梅】

せっちゃんは漬けるとねっとりとしてやわらかな食感になるぶんご梅が好き。毎年決まったところからおすそ分けいただく。下はふっくらと仕上がった甘い梅干し。

初めてのせっちゃんの味は梅のカリカリ漬け

わたしがせっちゃんに会いたいと強く思ったのはカリカリ梅をいただいたのがきっかけ。真っ赤に染まった甘酢っぱい梅はカリッと歯ざわりがよく、あとひくおいしさでした。いつかこの味を作っているせっちゃんに会ってみたいと思っていました。

それが実現したのが15年ほど前。それから梅仕事のタイミングに合うよう訪ねたいとは思うもののお互いの時間が合わなかったり、青くてかたいうちにという梅の事情もあって、ままならなかったけれど、ようやく4年前に梅仕事のお手伝いが実現しました。

赤じそと一緒に漬ける甘酸っぱいカリカリ梅（上）と、焼酎と氷砂糖で漬けるカリカリ青梅（下）、どちらも青々とした香りのあるかたい果肉の青梅から作ります。

「梅はもめばもむほどにカリカリになるから、手抜きはできないの」

せっちゃん

赤じそを贅沢にたっぷりと入れて真っ赤に漬けるのがせっちゃん流。赤じそを入れない青々しい味も作ります。

「カープが梅をもむのに絶妙なの」と、年に1回このために登場する大鉢。

カリカリ梅漬け

【材料】

梅（青く、かたいもの）　5kg

氷砂糖　2.5kg（水の上がり具合で調整する）

塩　750g

ホワイトリカー　適量

赤じそ漬け（P49）　1kg

【下準備】

◎梅は水に一晩つけてアク抜きする（へたは割ったときに一緒に取るので無理して取らなくてもよい）。

「梅をもむときは手でなく、腰に力を入れるのよ」せっちゃん

[作り方]

①下準備した梅をざるにあけて水けをきり、鉢に入れる。

②塩を加えてもむ。

③途中、ぐるりと回して全体に塩がからむようにする。

④塩の粒がなくなって梅にしみこみ、梅の色が透き通り、水けが出るまで、最低でも20分はもむ。

⑤ひたひたの水を注ぎ、一晩おく。

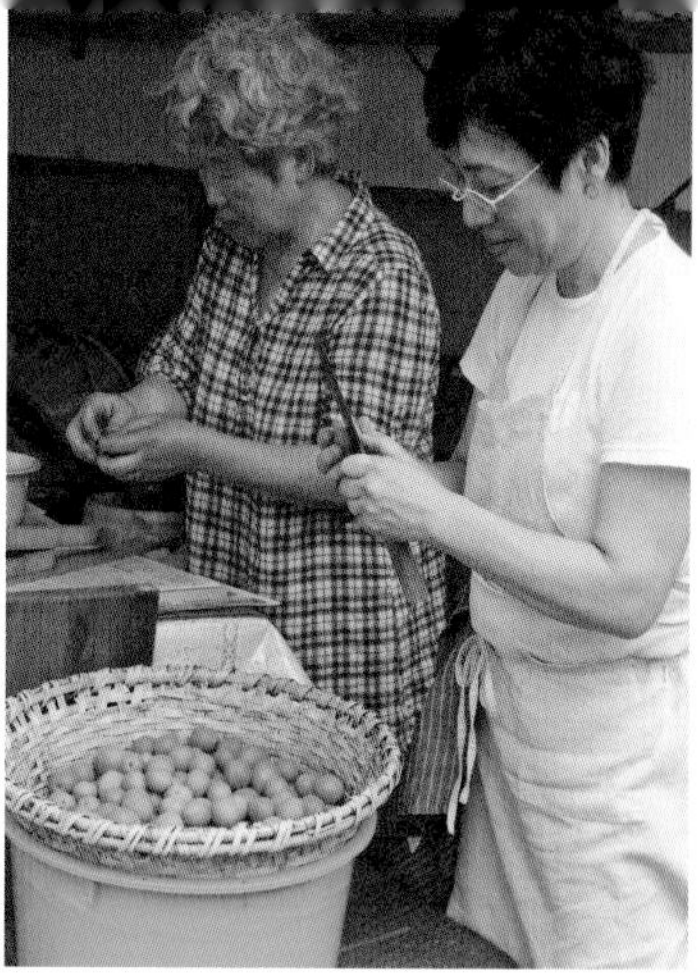

カリカリ梅漬けに欠かせない梅割り器。梅をはさんでギュッと押します。

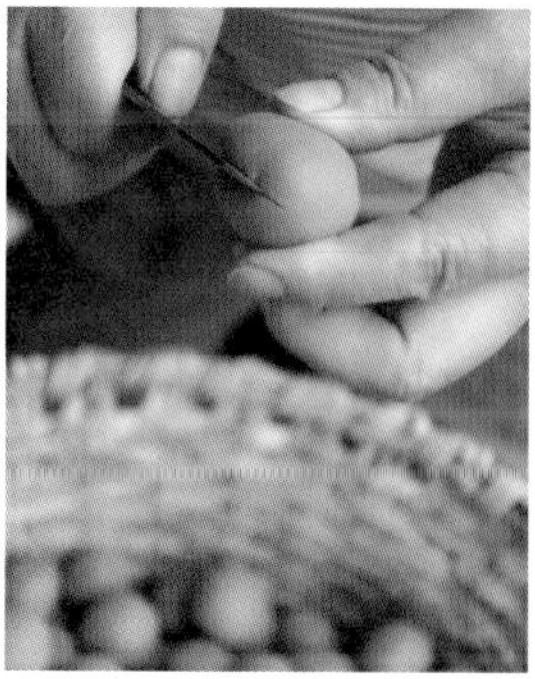

⑥ざるにあけて水けをきり、梅の溝にそってぐるりと包丁で切り目を入れる。

⑦梅を割り、種とへたをはずす。

⑧実と取り除いた種の1/3量を水でさっと洗い、また水につけて1時間おいて塩抜きする。

⑨ざるにあけて水けをきる。

⑩保存容器に移す。ホワイトリカーを半分くらいまで注ぎ、時々返して半日ほどおく。梅をざるにあけ、水けをきる。

⑪保存容器に赤じそ漬け少々を入れる。

⑫梅、赤じそ、氷砂糖を交互に入れていく。

⑬すき間ができないよう手で押す。

⑭一番上は、氷砂糖、赤じそ漬けをのせて漬け込む。1か月後くらいからが食べごろ。
●水が上がってこない場合は、氷砂糖を足すとよい。

【保存期間】冷蔵または冷凍で約1年

甘い梅干し漬け

【材料】
梅（熟したもの） 10kg
塩 2kg
氷砂糖 3.5kg
酢 6合（1080㎖）
赤じそ漬け（P49） 2kg

【作り方】
①梅を洗ってざるにあけ、水けをきる。
②ボウルに①、塩を入れてよくもみ、ひたひたになるくらいの水を注ぎ、3〜4日間おく（毎日かき混ぜる）。
③ざるにあけて水けをきり、盆ざるに並べて、梅が半分くらいの大きさになるまで干す（梅によって日数が異なる。雨の日が続いて干せない場合は塩水に入れたままにし、毎日かき混ぜる）。毎日1回ずつひっくり返し、かたいものがあればもむ。
④鍋にたっぷりの湯を沸かし、火を止めたら梅を入れ、冷めるまでそのままおく。
⑤ざるにあけて水けをきり、ペーパータオルなどで1粒ずつ水けを拭く。
⑥ガラス製の保存容器に、赤じそ漬け、梅、氷砂糖の順に入れ、最後に酢を注いで3〜4か月おく。

【保存期間】冷暗所で約1年

「毎年同じように作っていても赤く染まるか、味がのったか、心配しながら出来上がりを待つの」せっちゃん

梅シロップ

【材料】
梅　1kg
氷砂糖　600〜800g
酢　100〜160mℓ

【作り方】
①梅を洗ってざるにあけ、水けをきる。ペーパータオルなどで水けを拭く。
②包丁で梅に切り目を細かくいっぱい入れる（剣山を使ってもよい）。
③密閉できる保存容器に梅、氷砂糖を交互に入れ、最後に酢を加える。
④毎日容器ごとふって混ぜる。梅がしわしわになってしぼんだら出来上がり。梅は引き上げ、シロップは瓶に移す。
●冷水や炭酸水で割って飲むとおいしい。

【保存期間】冷蔵で約6か月

【赤じそ】

赤じそは塩もみしたら冷凍庫で保存します

畑に赤じそが茂ってきたら、その都度摘んで塩もみし、酢を合わせて色鮮やかに発色させてから冷凍庫へ。塩を加えながら何度かもむことでアクがとれます。冷凍庫に入れておけば味も色も変わることなく、保存ができる。梅のスケジュールに合わせて赤じそを用意するのではなく、畑で収穫できた分から赤じそ漬けにしておきます。毎年梅の成長としその茂り具合がちょうどよいタイミングとは限らないから、できることは進めておくのだそうです。梅の準備が整ったら、冷凍庫から赤じそ漬けを取り出すだけです。

赤じそ漬け

【材料】

赤じそ　大きくつかんで3回分
塩　3/4カップ
酢　適量

【作り方】

①赤じそは水洗いし、ざるにあけて水けをきる。
②①をボウルに入れ、塩を3回に分けて加え、その都度しそがちぎれるくらいもみ、しっかり絞る。
③酢をひたひたより少なめに注いでさらにもみ、色を出す。汁ごと冷凍用保存袋に入れて冷凍する。
●使用するときには冷凍室から出し、自然解凍する。

【保存期間】冷凍で約6か月

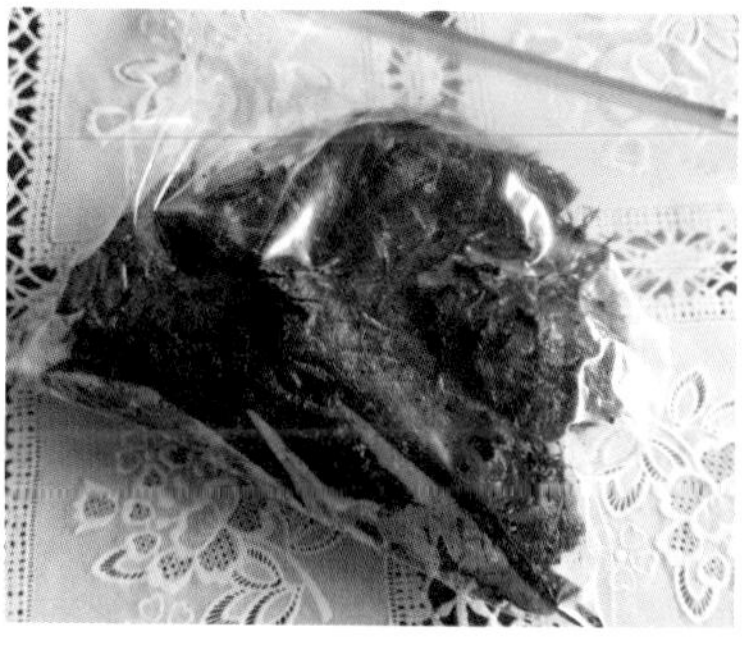

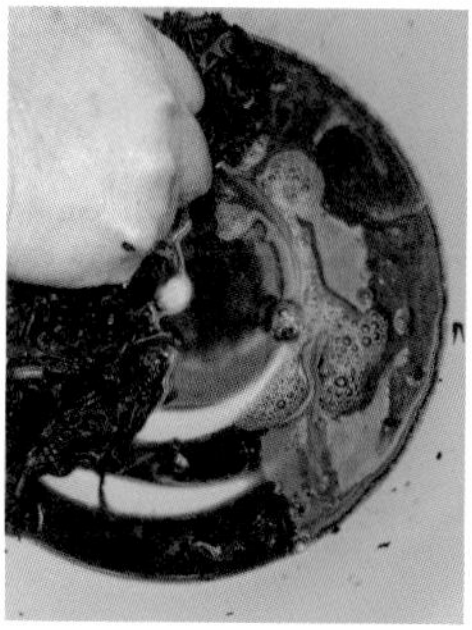

塩をふったら、力を入れてギュッギュッともんでアクを出します。

「しその香りが大好き。暑い日に飲むとすっきりするの」

せっちゃん

赤じそジュース

【材料】
赤じそ　200g
クエン酸　20g
グラニュー糖　1～1.5kg

【作り方】
①赤じそは洗って、ざるにあけて水けをきる。
②ホーロー鍋に水2ℓを入れて沸騰させたところに、①を入れる。赤じそが青くなり、煮立ってきたら火を止める。
③ボウルにざるを重ねたところに、きれいなふきん（またはさらし）をのせて②を煮汁ごとあけてこす。
④同じ鍋に煮汁を戻し入れ、グラニュー糖を加えて中火にかける。グラニュー糖が溶けたら、好みで塩少々を加えてもよい。煮立ったら火を止め、クエン酸を加えて軽く混ぜる。
●冷水や炭酸水で割って飲むとおいしい。

【保存期間】冷暗所で約1年

【きゅうり】

きゅうりは佃煮にして瓶詰めにしておきます

「どんどん収穫できるきゅうり、生で食べるには限度があるけんね」せっちゃんは山のように採れたきゅうりを得意のじゃみじゃみ塩漬けにし、秋から翌春まで漬けておきます。寒くなって果樹や畑仕事が一段落したころに、きゅうりを取り出して塩抜きし、佃煮や福神漬けを作ります。夏を越すときには塩で二度漬けし、重石でしっかり押すと歯ごたえよく仕上がります。驚いたのはきゅうりの水切り。専用の洗濯機があって、ガランガランと脱水機にかけるのです。ちなみにうちでは手や布で絞ったあと陰干しにして水けをきります。

きゅうりの塩漬け

[材料]
きゅうり　適量
塩　きゅうりの重量の30～35％

[作り方]
①保存容器にきゅうりを並べ、きゅうりの重量の20％分の塩をふる。交互に繰り返し、上にいくほど塩を強くする。押しぶたをし、重石をして2～3週間おく。
②水けをきり、今度は10～15％分の塩を同様にふり、重石をする。
◎少量の場合は一度に全量の塩をふってもよい。

[保存期間]冷暗所で約半年
◎夏に漬けたら、翌年の3月ごろまでに使い切る。

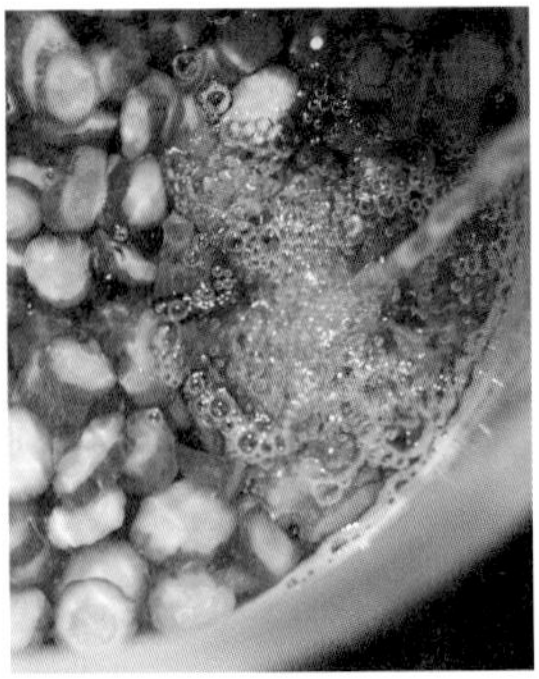

[塩抜きの方法]
①「きゅうりの塩漬け」をさっと洗ってざるにあける。

②①を好みの厚さの輪切りにする。

③たっぷりの水につける。何度か水を替え、食べてみて芯にわずかに塩けが残るくらいまで塩抜きする。

「最初の塩はきついけど、塩抜きして味を調整してね」せっちゃん

せっちゃんがきゅうりの塩抜きをするときは、1回に3～4kgをやってしまい、佃煮と福神漬け風を作ります。

この量を手で絞るのは大変なので、袋状の蒸し布に入れ、古い洗濯機を使って脱水。保存食を大量に作るせっちゃんならではのワザです。

塩抜き完了！

④さらし、厚手のキッチン用ペーパーなどに包み、しっかりと水けを絞る。

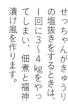

「きゅうりの塩漬け」を使って

きゅうりの佃煮

【保存期間】冷蔵で約1か月、冷凍で約1年

【材料と作り方】

①「きゅうりの塩漬け」(P52)を3㎜厚さの輪切りにし、P52の「塩抜きの方法」を参照し、塩抜きする。水けをしっかり絞って4kg分を用意する。

②鍋に砂糖1kg、しょうゆ1ℓ、みりん1カップを入れて火にかける。砂糖が溶けたら①、しょうがのせん切り適量、花がつお100gを加え(a)、好みではちみつ適量も加え(b)、混ぜながら煮る。途中で火を弱め、煮汁が少なくなったら、みりん½カップを加え、火を止める寸前に花がつお100g、塩昆布100〜130gを加え、よく混ぜ合わせて火を止める。

a
汁けはひたひた程度。最後はほんのり残るくらいまで汁けをよくとばします。

b
「入れなくてもいいけど、私ははちみつが好きだから必ず入れるの」

きゅうりとしその実の福神漬け風

【材料と作り方】

①「きゅうりの塩漬け」（P52）を7～8㎜厚さの輪切りにし、P52の「塩抜きの方法」を参照し、塩抜きする。水けをしっかり絞って1kg分を用意する。

②「しその実の塩漬け」（下記参照）2カップ強はたっぷりの水につけ、何度か水を替えて塩抜きし、ざるにあけて水けをきる。

③耐熱の保存容器に①、②、しょうがのせん切り180g、好みで切り昆布適量を合わせておく。

④鍋にしょうゆ1¼カップ、みりん½カップ、砂糖200gを入れて火にかける。砂糖が溶けたらはちみつ大さじ1¼を加え、沸騰したら酢¾カップを加えてすぐに火を止める。

⑤④が熱いうちに③にかける。重めの重石をして汁が上がってきたら重石を軽くする。漬けて1週間くらいからが食べごろ。

【保存期間】冷蔵で約3か月

しその実の塩漬け

【材料と作り方】

①しその実500gをボウルに入れ、たっぷりの水を注いで一晩おき、アク抜きする。ざるにあけて水けをきる。

②ボウルに①、塩100gを入れてまぶし、塩が溶けるまでおく。

③冷凍用保存袋に②を入れ、冷凍する。

【保存期間】冷凍で約1年

【青とうがらし】

こしょうみそ

【材料】
青とうがらし　正味750g
米麹（生）　750g
砂糖　700g
薄口しょうゆ　1.8ℓ
はちみつ　大さじ1½

【作り方】
①青とうがらしはへた、種を除く。
②フードプロセッサーに①を入れて攪拌し、細かくする。
③鍋に麹、しょうゆ、砂糖、②を入れて混ぜる。麹が少しやわらかくなるまでそのままおく。
④よくかき混ぜてから強火にかける。沸騰したら火を弱め、アクを除いてはちみつを加える。さらにとろみがつくまで混ぜながら煮詰める。
⑤煮沸消毒した瓶に詰め、蒸し器にかけて脱気、殺菌する（P124参照）。
●煮沸消毒した熱い瓶に、出来立ての熱いこしょうみそを入れてもよい。ふたをしたら逆さにして冷ます。

【保存期間】冷暗所で約1年

とうがらしの収穫が終わりになる頃、残った葉っぱも捨てないで佃煮にします。アクが強いので、さっとゆでて、水にさらしてアク抜きしてから炒めます。味つけはしょうゆ、砂糖、みりんなどで。

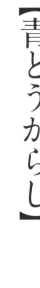

#【みょうが】

みょうがの佃煮

［材料］
みょうが　1kg
煮汁
砂糖　70g
しょうゆ　½カップ
みりん　70mℓ
はちみつ　適量
花がつお　10g
サラダ油　¼カップ

［作り方］
①みょうがは縦薄切りにし、たっぷりの水に2時間くらいつける。ざるにあけ、水をきる。
②フライパンに油を入れて熱し、①を炒める。しんなりしたら煮汁の材料を加え、よく混ぜながら煮汁がなくなるまで炒め煮にする。最後に花がつおを加えて混ぜる。
③煮沸消毒した瓶に詰め、蒸し器にかけて脱気、殺菌する（P124参照）。
［保存期間］冷暗所で約1年

【本うり】

本うりの粕漬け

[材料]
本うり　20本
塩　適量
酒粕（練り粕）　4kg
砂糖　3.5〜4kg
焼酎　適量

[作り方]
①本うりは縦半分に切り、種を除く。
②①の種を除いてあいたところに塩を八分目くらいまで入れ、漬けもの用の桶に断面が上になるように、すき間なく入れていく。押しぶたをのせ、重石をして2日間漬ける。
③②を取り出し、盆ざるに断面を上にして並べる。そのまま数時間日にあて（歯ざわりがよく、日持ちもするため）、その後陰干しにする（色落ちしないようにするため。日がある朝干してから、昼過ぎから夕方まで様子をみながら）。
④きれいにした桶に酒粕と砂糖を入れて混ぜ合わせる。焼酎を少量ずつ加えてやわらかくする。
⑤③を④の中にすき間なく入れる。数日たつと本うりが浮いてくるので、全体をかき混ぜてからさらしをかぶせる。

[保存期間]冷暗所で約1年

【トマト】

トマトの瓶詰めは一年中重宝する保存食

トマトは加工用の細長いものと、生食用の丸いトマトを育てています。トマトもいい頃合いのものを収穫しては、トマトの水煮、ピューレ、シロップ煮、ケチャップを作り、瓶詰めに。「これだと肉をチャチャッと炒めて、瓶詰めのトマトを合わせて煮込むだけで一品できちゃうから」とせっちゃん。わたしも何度もトマト煮をいただきました。ある日はひき肉やコーンが入ったシチュー、ある日は鶏肉のトマト煮、といった具合。お客様やお孫さんたちが集まるときにはトマトを使った料理を大鍋にたっぷりと作っておもてなしするそうです。

トマトの水煮

［材料］
トマト　6kg
塩　適量

［作り方］
①よく熟したトマトを用意する。へたを除き、下に十文字の切り目を入れる。

②鍋にたっぷりの湯を沸かし、トマトを次々入れる。

③皮が少しめくれてきたら水にとって皮をむく。

④適当に大きくちぎって鍋に入れる。

⑤火にかけて煮る。

⑥アクが出てきたら取り除く。塩（少し塩けを感じる程度）を加え、形が崩れてくるまで煮る（あまり煮詰めすぎず、全部に火が入っていればよい）。

⑦煮沸消毒した瓶に詰め、蒸し器にかけて脱気、殺菌する（１２４ページ参照）。

【保存期間】冷暗所で約1年

トマトピューレ

［材料］
トマト（よく熟れたもの）　7kg
塩　適量

［作り方］
①鍋にたっぷりの湯を沸かし、トマトを入れ、皮が少しめくれてきたら水にとる。
②皮をむき、ミキサーに入れて攪拌し、なめらかにする（a）。
③再び鍋に入れ、中火にかける。アクを除き、塩（トマトジュースくらいの少し塩けを感じる程度）を加える。へらに重みを感じるまで混ぜながら煮詰める（b）。
④煮沸消毒した瓶に詰め、蒸し器にかけて脱気、殺菌する（P124参照）。

［保存期間］冷暗所で約1年

a
トマトピューレはなめらかに仕上げたいのでミキサーで攪拌します。

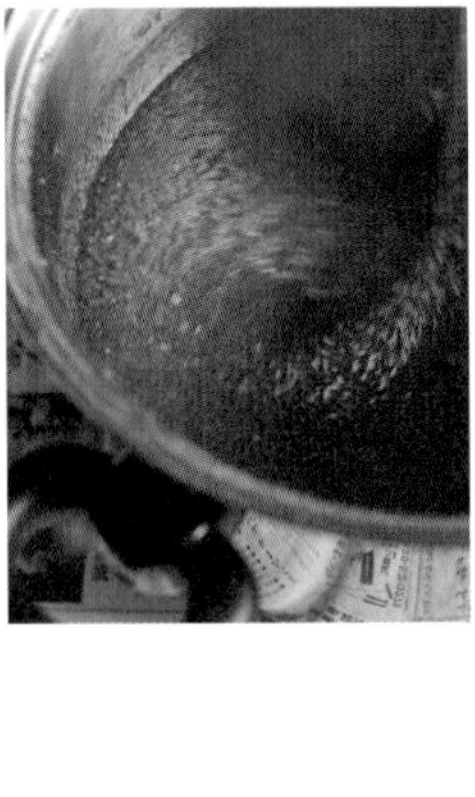

b
とろみがつくまでひたすら混ぜ続けて煮詰めます。

トマトケチャップ

【材料】
トマトピューレ（右ページ参照）2ℓ
砂糖　200g
塩　50〜60g
酢　1½カップ
玉ねぎのすりおろし　100g
にんにくのすりおろし　30g
ローリエ　2枚
セージ（ホール）　3g
はちみつ　大さじ1

【作り方】
①セージはだし用パックなどに入れ、残りの材料とともに厚手の鍋に入れる。中火にかけ、煮立ったらアクを除き、とろみがつくまで2時間くらい煮詰める（最初の1時間は時々混ぜればよいが、残りはつきっきりで焦げ付かないように絶えず混ぜ続けて）。
②煮沸消毒した瓶に詰め、蒸し器にかけて脱気、殺菌する（P124参照）。
◎とろみの加減はお好みで。せっちゃんはしっかり煮詰めたどろどろタイプが好み。
【保存期間】冷暗所で約1年

「ひとさじのはちみつが隠し味になっていると思うの」せっちゃん

【桃】

桃のシロップ漬け

[材料]
桃(ややかためのもの)
　16〜24個
塩　適量
シロップ
　砂糖　1kg
　水　2ℓ

[作り方]
①シロップを作る。鍋にシロップの材料を入れて、中火にかける。混ぜながら煮立たせ、砂糖が溶けたら火を止める。そのままおいて冷ます。
②3%の塩水を作る(桃が全部ひたるくらい、たっぷりと)。
③桃は洗い、皮をむいて8等分のくし形に切る。
④塩水に桃を入れて約5分つけてアク抜きしたらざるにあけて水けをきる。
⑤煮沸消毒した瓶に桃をぎっしり入れる。シロップを瓶の口ぎりぎりまで注ぐ。
⑥蒸し器にかけて脱気、殺菌する(P124参照)。
●夏に作ると11月ごろから味がなじんでおいしい。

[保存期間] 冷暗所で約1年

【ブルーベリー】

ブルーベリージャム

【材料】
ブルーベリー　500g
グラニュー糖　250g
レモン汁　レモン1個分
はちみつ（好みで）　適量

【作り方】
①鍋（ホーローまたは厚手のステンレス）にブルーベリーを入れ、グラニュー糖を加えてまぶす。グラニュー糖が溶けるまでそのままおく。
②①を火にかけ、混ぜる。沸騰したらアクを除き、レモン汁、はちみつを加え、さらに混ぜる。
③ブルーベリーの粒が少し残るくらいで煮詰めすぎないように火を止める。煮沸消毒した瓶に詰め、蒸し器にかけて脱気、殺菌する（Ｐ１２４参照）。

【保存期間】冷暗所で約1年

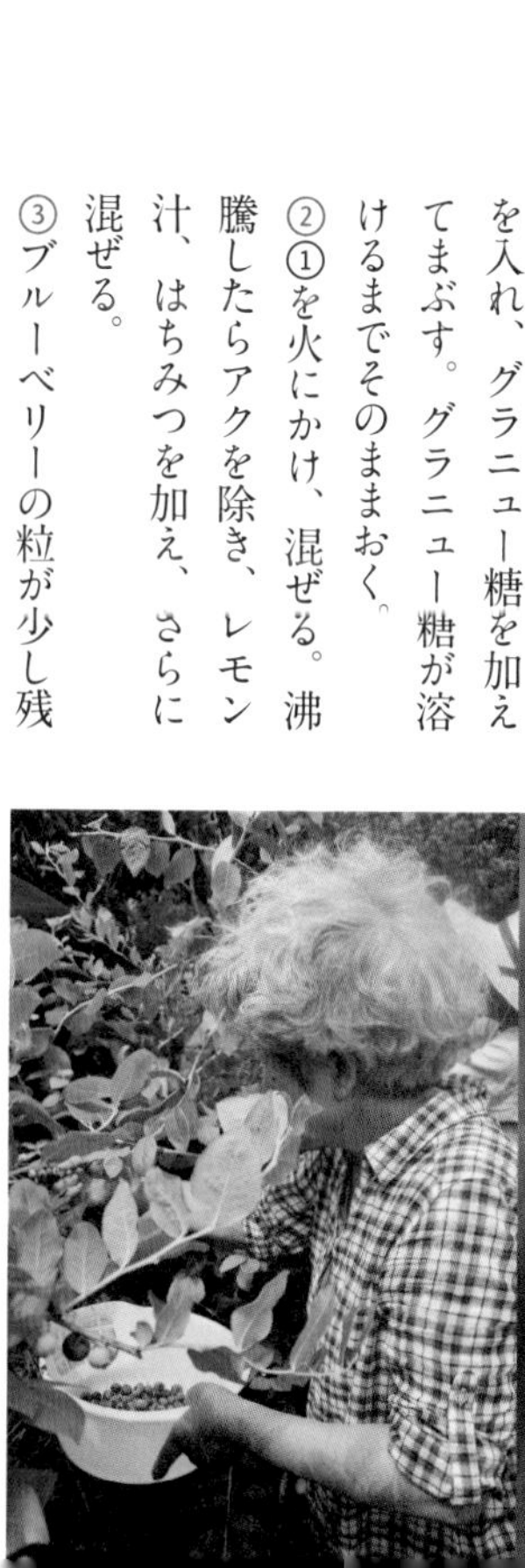

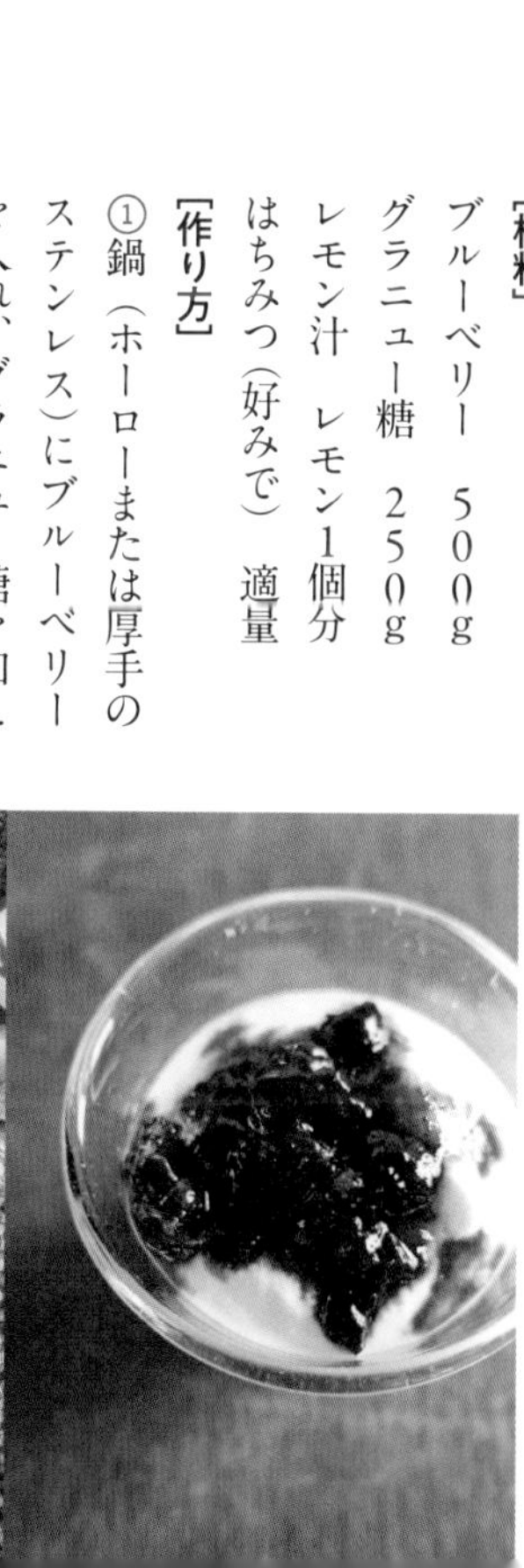

夏の常備菜

きゅうりのからし漬け

【材料と作り方】

①きゅうり1kgは両端を落とす。

②保存容器に①を並べ入れ、塩50g、砂糖150g、粉がらし25〜30gをふる。これを繰り返し、上に行くほど、多めにふるようにする。一晩おき、水が上がってきたら出来上がり。

夕顔のそぼろ煮

【材料と作り方】

夕顔500gの皮をむき、種を除いて食べやすい大きさに切る。鍋に薄口しょうゆ¼カップ、塩小さじ½、みりん、酒各¼カップ、砂糖小さじ1、顆粒和風だし3g、水1カップを入れて火にかけ、沸騰したらとりひき肉100gと夕顔を入れて時々混ぜながら、ゆっくり味がしみ込むまで中火で煮る。

かぼちゃのほくほく煮

［材料と作り方］

①かぼちゃ（正味）500gは食べやすい大きさに切る。

②鍋に①、塩小さじ2½、水3カップを入れて火にかける。

③かぼちゃの皮と身の間が少しひび割れてきたら湯を8割くらいきる。

④再び火にかけ、砂糖大さじ4～4½を加えて火にかけ、なるべくかぼちゃを崩さないようにしながら、菜箸でゆっくりかき混ぜながら水分をとばす。ほくほくしたら出来上がり。

かぼちゃのサラダ

［材料と作り方］

①かぼちゃ（正味）500gの皮を粗く削り取り、一口大に切る。

②鍋に①、塩小さじ2、水3カップを入れて火にかける。

③かぼちゃに火が通ったら湯をきり、再び火にかけて水分をとばす。

④火を止め、マッシャーなどでよく潰し、砂糖大さじ½～1を加えて混ぜ、そのまま冷ます。

⑤きゅうり1本はせん切りにし、塩少々とともにボウルに入れてもむ。

⑥④が冷めたら、⑤の水けをしっかり絞ってから加え、マヨネーズ適量も加えて混ぜる。

●少し甘めなのはせっちゃんの好み。マヨネーズの量はお好みで。

せっちゃんの保存食

和緒流の楽しみ方
夏編

これさえあればのひと瓶がストックされていると、とても心強いのです。

みょうがはご家族の苦手食材。ですが、せっちゃんは佃煮を作る作る。喜んで食べてくれる人に差し上げたい一心で作るのです。「わたしの手土産は手作りのもの」とせっちゃん。いつもたくさんのおいしい瓶詰めをありがとうございます。というわけで大好物のみょうがの佃煮、毎年遠慮なくいただきます。佃煮はごはんの友。のっけて、混ぜて、巻いてと食べているとあっというまに一瓶がなくなります。

こしょうみそもごはんやお酒に合いますが、調味料としても大活躍。うちではバーベキューのときにはこしょうみそをどんとテーブルにおいて、焼いた肉にのせ、葉野菜で巻いて食べます。きゅうりやにんじんなどのスティック野菜につけてもおいしい。夏のおもてなしにかかせないひと瓶となりました。

トマトの瓶詰めはうまみの塊のようなものなので、余計な調味料がいらない。煮上がったときよりも瓶詰めにしたほうが、さらにうまみが増しているように感じます。真っ赤なトマト瓶が保存棚に並んだ様子は本当にうつくしい。眺めているだけでもおいしさが伝わってくるのです。

みょうがの佃煮（P57）で

みょうがの巻きずし

みょうがの佃煮には、カリカリした歯ごたえと爽やかな香りのきゅうりがよく合います。シンプルな巻きずしなのでお弁当にもぴったり。

［材料］（2本分）

みょうがの佃煮　適量
きゅうり　縦½本分
炊きたてのご飯　1合分
焼きのり　全形2枚
すし酢
- 酢　大さじ2
- 砂糖　大さじ1〜1½
- 塩　小さじ⅓

［作り方］

①きゅうりは縦四等分に切り、種の部分をそぎ落とし、塩ふたつまみ（分量外）をすりこんで約10分おく。

②ご飯をボウルに入れ、すし酢の材料を混ぜ合わせてから加える。しゃもじできるように混ぜる。

③巻きすにのり1枚をのせ、奥3㎝くらいはあけるようにして②の半量を広げる。

④真ん中よりやや手前にみょうがの佃煮を一文字にのせ、きゅうり2切れの水けをペーパータオルで拭いて同様にのせる。手前からきつく巻き、巻き終わりを下にしてしばらくおく。残り1本も同様に作る。食べやすく切って器に盛る。

こしょうみそ（P56）で
キャベツと豚肉のこしょうみそ炒め

こしょうみそはそのままご飯にのせてもおいしいもの。ちょっとピリ辛のホイコーローのイメージで、こしょうみそだけの味つけで十分においしい。

【材料】（2～3人分）
こしょうみそ　大さじ2～3
豚バラ薄切り肉　100g
キャベツ　¼個
米油　大さじ1

【作り方】
①豚肉は一口大に切り、塩ふたつまみ（分量外）をふってなじませる。
②キャベツは大きめの一口大に切り、熱湯でさっとゆでる。ざるにあけて水けをきる。
③フライパンに米油、肉を入れて中火で炒める。肉にほとんど火が通ったら、キャベツを加えて炒める。全体に油がなじんだら、こしょうみそを加えて混ぜ、調味する。

トマトピューレ（P62）で
シンプルトマトパスタ

完熟トマトで作ったトマトピューレだから、シンプルなトマトソースにしてトマトを味わいます。パスタのほかに、焼いたお肉にかけてもおいしいソース。

[材料]（2人分・トマトソースは3〜4人分）
トマトソース
トマトピューレ　500g
にんにくのみじん切り　1片分
ベーコンの細切り　2枚分
オリーブ油　大さじ3
スパゲッティ　160g
塩　適量
フレッシュバジル　適量

[作り方]
①トマトソースを作る。厚手の鍋ににんにく、オリーブ油を入れて弱火にかけ、香りが立ったらトマトピューレを加えて中火にする。ふつふつしたら弱めの中火にし、ふたをして約10分煮る。
②ベーコンを加えて混ぜ、ふたをはずしてさらに10分煮る。とろみがついてきたら、味をみて塩（分量外）で味を調える。とろみがつかなければ、火を強めて様子をみる。半量は保存容器などに移す。
③大きめの鍋にたっぷりの湯を沸かし、塩を入れて溶かす。スパゲッティを袋の表示どおりにゆでる。ゆで上がったら②に加えて、よくあえる。器に盛り、バジルを添える。

秋の保存食

上段右から
かぼちゃのサラダ
（67ページ）
あみたけの水煮
（84ページ）
わらび漬けの炒め煮
きゅうりの即席漬け
カリカリ梅漬け
（43ページ）

ある日の食卓

中段右から
葉とうがらしの佃煮
（56ページ）
はやとうりのビール漬け
（90ページ）
野沢菜のピリ辛炒め
（115ページ）
手打ち新そば

うどとさば缶の煮もの
（23ページ）
夕顔のそぼろ煮
（66ページ）
鶏肉のトマトシチュー
（トマトピューレ62ページ）
自家製めんつゆ
たけのこのピリ辛炒め
（22ページ）
甘い梅干し漬け
（47ページ）

上段右から
きゃらぶき
（15ページ）

葉とうがらしの
佃煮
（56ページ）

こしょうみそ
（56ページ）

揚げなす

中段右から
野沢菜と
えのきたけの
みそ汁

栗おこわ
（80ページ）

新しょうがの
切り昆布煮
（26ページ）

トマトの
シロップ煮

わらび漬けの
炒め煮

うどと
さば缶の
煮もの
（23ページ）

きゅうりの
粕漬け

かぼちゃの
ほくほく煮
（67ページ）

野沢菜漬けの
ピリ辛炒め
（115ページ）

早朝によい状態の栗はもう拾っちゃったわよと言われたけれど、見ると拾いたくなるのが心情。いがから大きくむき出した栗を見つけては足先で踏み、栗を取り出します。はやとうりも鈴なりになっていました。

りんごの収穫と栗拾い、栗むきでせっちゃんの秋は大忙し

りんごの出来がよいとせっちゃんもご機嫌です。お父さんと一緒に丹精込めて育てたりんごですもの。一個一個大事に収穫します。わたし初めてせっちゃんに会ったのはりんごの収穫の時期でした。わたしは妊娠中で大きなおなかを抱えてりんごの収穫のお手伝い（お邪魔？）をさせていただきました。そのときの食卓は今も忘れることはありません。すべて手作りのお茶請けの数々。お客様のときには必ず何種類もの保存食を出すのがせっちゃんのおもてなし。おこわや寒天寄せなどの保存食以外の料理も並び、それぞれ小さな器に盛り付けて、テーブルいっぱいに並べます。甘いもの、しょっぱいもの、お茶、そしてまた甘いもの、とついつい繰り返してしまい、全種類を制覇したいと思うと延々終わらないのです。最後は畑や庭で育ったりんごなどの果物で〆。慣れないわたしは「これはお昼ごはん？」と聞いてしまったくらい、盛りだくさんのお茶の時間でした。

せっちゃんの秋はりんごの収穫と栗拾い、栗の保存食作りでいつにも増して大忙し。大好きな栗の作業は夜遅くまですることもあるようで、こっくりこっくりしながらも栗をむいているそうです。

せっちゃん宅に到着したら、まずは畑へ。収穫は楽しすぎてなかなか切り上げられません。

【栗】

猿と虫と競争しながら栗拾いをしています

ポトンポトンと毬栗が落ちてくると、せっちゃんさぁ始まるよって気合いを入れる。猿にさらわれるか、虫に食われてしまうか、せっちゃんがその前に拾うか……。落ちてそのままにしておくとすぐに虫食いが広がるのですって。猿に見つかったらもう諦める。「地球には人間だけでない、動物も共存しているんだからと思うと猿の被害も仕方がない、頭にはくるがゆるそうと心がけるようになったの」。お嬢さんからは「お母さんは栗のことしか頭にない、〝栗病〟だよ」と笑われるくらい、朝から晩まで栗に染まっているせっちゃんです。

りんご畑の端に大きな栗の木があり、毎朝毎夕栗を拾っては夜から栗むきが始まります。

夜な夜な栗をむくせっちゃん。夜、テレビのサスペンスを見ながらひとり栗むきをするのが日課。「おやつ何にする?」なんておしゃべりしながらの栗むきもまた楽しい。

栗のシロップ煮

[材料]
栗　正味1kg
砂糖　500g＋600g
塩　少々

[作り方]
①鍋に栗を入れ、ひたひたになるくらいの水を注ぎ、火にかける。沸騰してから中火で20〜30分ゆでる。

a
鬼皮、渋皮までむいた栗は、洗ってデンプンを落としてからゆでます。

c
栗に味がしみこんだら出来上がり。火を止めて、粗熱をとります。

b
ゆでた栗に砂糖と塩、ひたひたの水を加えてゆっくりと煮ていきます。

d
栗だけをすくって瓶に入れ、シロップを瓶の口いっぱいまで注ぎます。

②ざるにあけ、熱いうちに鬼皮、渋皮をむく。栗の正味を量り、1kgにする（a）。
③鍋に②を入れ、かぶるくらいの水を注ぎ、火にかける。沸騰したらざるにあける。
④③、砂糖500g、塩を入れて（b）、ひたひたになるくらいの水を注ぎ、中火にかける。煮立ったら弱火にし、味がしみこむまで煮る（c）。
⑤シロップを作る。別の鍋に水5½カップ、砂糖600gを入れて中火にかけて、混ぜる。砂糖が溶けたら火を止める。
⑥煮沸消毒した瓶に④を入れ(d)、⑤を注ぐ。蒸し器にかけて脱気、殺菌する(P124参照)。

【保存期間】冷暗所で約1年

「栗おこわはきびや煮豆を入れてアレンジもできるの」 せっちゃん

「栗のシロップ煮」を使って

栗おこわ

【材料と作り方】

①もち米5合は洗って一晩水につける。ざるにあけて水をきる。

②蒸し器の上段に蒸し布（さらしなど）を端まで敷き詰めて①を入れる。手でならし、蒸し布で包む。

③蒸し器に水を入れて火にかけ、沸騰したら②をのせる。湯気が立ってから15～20分蒸す(お米の芯がなくなるまで)。

④しと水を作る。ボウルに湯70mℓ、砂糖60g、塩10gを入れてよく混ぜて溶かす。酒3/4カップを加えてさらに混ぜる。

⑤別のボウルに③を入れ、④のしと水を回しかけ、しゃもじでざっときるようにかき混ぜる。栗のシロップ煮（P78・汁けをきったもの）中瓶（450mℓ）1瓶を加え、さらに混ぜてから再び蒸し布を敷いた蒸し器に移し、20分ほど蒸す（かたければ蒸し時間を長くする）。蒸し上がったらボウルに取り出して混ぜる。

●写真はきびを加えた栗おこわです。

栗ペースト

［材料］
栗　正味1kg
グラニュー糖
　200～250g
はちみつ　適量
塩　少々

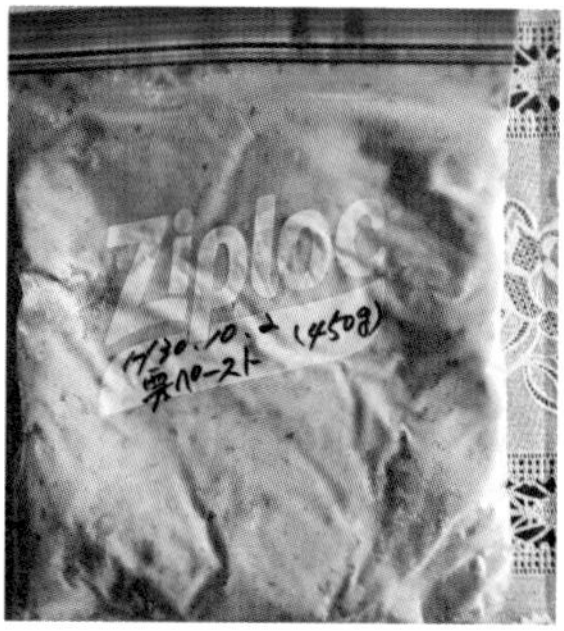

［作り方］
①鍋に栗を入れ、ひたひたになるくらいの水を注いで火にかける。沸騰してから約30分ゆでる。
②ざるにあけ、熱いうちに鬼皮、渋皮をむく。栗の正味を量り、1kgにする。
③再び鍋に栗を入れ、かぶるくらいの水を入れて火にかける。2～3回ゆでこぼす（栗がやわらかくなるまでゆで時間は調整する）。最後のゆで汁は1カップ分ほど残し、湯をきる。
④鍋に③の栗、ゆで汁、グラニュー糖を入れ、弱火で煮る。煮汁が1/3量くらいになったら火を止め、熱いうちにマッシャーやすりこぎで潰し、なめらかにする。はちみつ、塩で味を調える。粗熱がとれたら冷凍用保存袋に入れるか、少量ずつラップで包んで冷凍する。

［保存期間］冷凍で約1年

せっちゃん流
簡単栗きんとん
栗ペーストを食べやすい大きさにまとめると手軽な栗きんとんに。お弁当用のカップに入れてラップで包んで冷凍しておけば、食べたいときに自然解凍すればいいので便利。

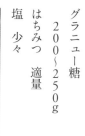

栗の渋皮煮

［材料］

栗　正味1kg
重曹　小さじ3
砂糖　500g＋1kg
酒、しょうゆ　各¼カップ

［作り方］

①栗はさっと洗って水をきる。

②栗は渋皮を傷つけないように鬼皮をむく。

③鍋に栗、重曹小さじ1を入れ、ひたひたになるくらいの水を加えて火にかける。沸騰したら弱めの中火にし、約10分ゆでる。

④ざるにあけて水にとる。

⑤水の中で渋皮の繊維をきれいに取り除く。

⑥再び鍋に⑤の栗、重曹小さじ1を入れ、ひたひたの水を加えてゆで、水にとってきれいにする。さらにもう1回繰り返す。

⑦鍋に砂糖５００g、水2½カップを入れて火にかけて混ぜる。砂糖が溶けたら栗を加える（水が少なければ、栗がかぶるくらいまで水を足す）。沸騰したら弱火にし、20分ほど煮る。酒、しょうゆを加え、さらに10分煮る。火を止めて、冷めるまでそのままおく。

⑧シロップを作る。別の鍋に砂糖1kg、水8カップを入れ、火にかけて混ぜる。砂糖が溶けたら火を止める。

⑨煮沸消毒した瓶に⑦の栗を壊れないようにそっと入れる。

⑩⑧を瓶の口いっぱいまで注ぐ。蒸し器にかけて脱気、殺菌する（Ｐ１２４参照）。

【保存期間】冷暗所で約1年

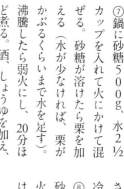

「きのこはすべて野生のもの。うどんや煮ものにいつでも使えて便利よ」

せっちゃん

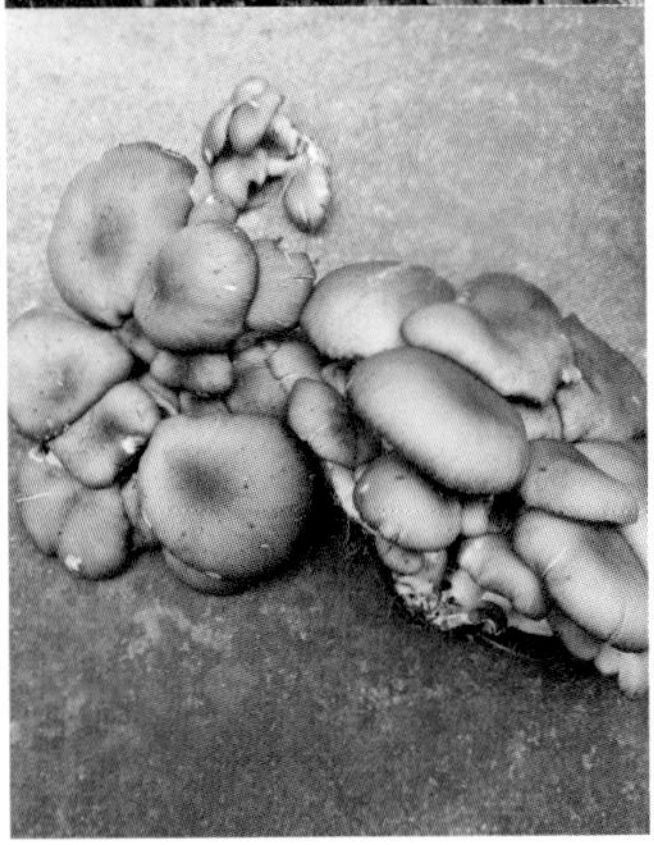

せっちゃんの家の庭にある、枯れた木に生えてきたひらたけ。「木が枯れたのは残念だったけど、きのこを見つけたときはびっくり。自然の恵みはありがたい」

【きのこ】

きのこの水煮

【材料】

きのこ（あみたけ、こむそうたけ、いぐちたけ、ひらたけなど） 適量

塩 適量

酢 適量

【作り方】

①きのこは石づきを取り、きれいにする（取りにくい汚れは無理して取らなくてよい）。

②鍋にたっぷりの水と塩（やや強め）、①を入れて火にかける。沸騰したら火を止め、そのまま冷ます。鍋の中できのこをきれいにし、ボウルに移す。水洗いして水けをきる。

③②に塩適量を加えて混ぜ（少し塩けを感じるくらいにする）、煮沸消毒した瓶（450mℓ）に入れ、1瓶につき酢小さじ1を加える。蒸し器にかけて脱気、殺菌する（P124参照）。

【保存期間】冷暗所で1年

「きのこの水煮」を使って

きのこのおろしあえ

「きのこの水煮」（右ページ参照）は水けをきり、さっと水で洗う。鍋にきのこ、しょうゆ、みりん、酒、顆粒和風だしを入れて火にかけて煮詰める。そのまま冷まし、大根おろし、削りがつおとあえる。

ひらたけのしょうゆ煮

【材料と作り方】

①ひらたけの水煮（右ページ参照）をざるにあけ、水けをきって（塩けが強ければ水につけて塩抜きする）、1kg用意する。食べやすく裂く。

②鍋にしょうゆ、みりん各½カップ、砂糖90g、①を入れて火にかける。

③煮汁が半分くらいになったら切り昆布30gを加え、煮汁がほとんどなくなるまで煮る。

④花がつお40g、白いりごま25gを加えよく混ぜる。

きのこと大根の煮もの

大根は食べやすい大きさに切り、「きのこの水煮」（右ページ参照）は水けをきり、さっと水で洗う。鍋にサラダ油を熱し、大根をさっと炒める。薄口しょうゆ、砂糖、塩、みりん、酒、顆粒和風だしで調味し、きのこを加えて煮る。

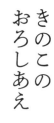

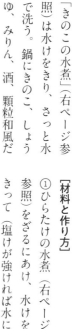

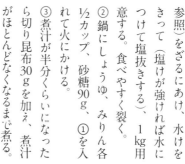

【いちじく】

いちじくのシロップ煮

【材料】
いちじく　1kg
酢　1/4カップ
砂糖　250g
塩　少々
はちみつ　適量

【作り方】
①いちじくの先端を切り落とす。
②鍋に①を入れ、ひたひたになるくらいの水を加える。酢も加えて火にかける。沸騰したら弱めの中火で3分ほどゆでて、湯を静かにきる。
③②に砂糖を3回に分けて加える。塩、はちみつを加え、火にかける。つやが出てきたら強火にし、水分をとばす。煮沸消毒した瓶に入れ、蒸し器にかけて脱気、殺菌する（P124参照）。

【保存期間】冷凍で約1年

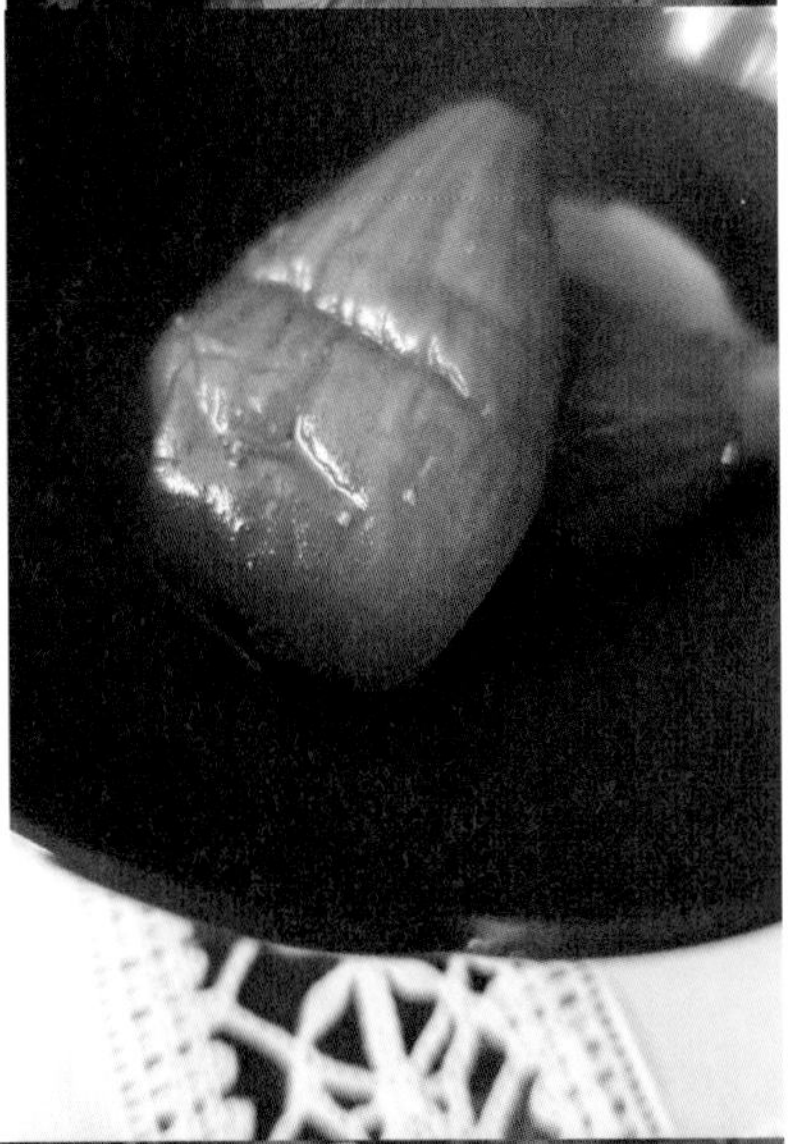

1本しかないいちじくの木ですが、この木から採れる実がねっとりしていて甘みも香りも豊か。あっというまにバケツいっぱいのいちじくが。

いちじくジャム

【材料】

いちじく　1kg
グラニュー糖　300g
レモン汁　レモン1個分
はちみつ（好みで）　大さじ½

【作り方】

①いちじくの皮をむく。
②鍋（ホーローまたは厚手のステンレス）に①、グラニュー糖を入れ、手で崩しながらよく混ぜる。
③②を火にかけ、アクが出たら取り除く。レモン汁、はちみつを加え、とろみが出るまで煮詰める。煮沸消毒した瓶に入れ、蒸し器にかけて脱気、殺菌する。（P124参照）

【保存期間】冷暗所で約1年

ラフランスのジャム

【材料】

ラフランス　1kg
グラニュー糖　450g
塩　少々
レモン汁　レモン1個分
はちみつ（好みで）　適量

【作り方】

①ラフランスは皮をむき、薄切りにする。
②鍋（ホーローまたは厚手のステンレス）に①、グラニュー糖、塩を入れて混ぜ合わせ、少し水分が出てくるまでおく。
③②を火にかけ、アクが出たら除いてへらでよく潰しながら煮る。レモン汁、はちみつを加えて混ぜ、とろみがついたら出来上がり。「いちじくジャム」と同様に瓶詰めにする。

【保存期間】冷暗所で約1年

秋の常備菜

ゴーヤーの佃煮

［材料と作り方］

①ゴーヤー1kgは縦半分に切って種とわたを除き、3㎜厚さに切る。さっとゆでてざるにあけ、冷めたら水けをしっかり絞る。

②鍋に砂糖200g、しょうゆ120㎖、酢¼カップ、はちみつ大さじ1を入れて火にかけ、煮立ったら①、かえりちりめん50gを加える。煮汁が半分になったら切り昆布40gを加え、煮汁がほとんどなくなるまで煮詰める。

③火を止め、花がつお20gを加えて混ぜ、白いりごま大さじ5を加えてさらに混ぜる。

秋までゴーヤーはなり続けます。炒めもので食べるほか、佃煮やたらこ煮にして、日々のおかずとして食べられるよう作っておきます。

ゴーヤーのたらこ煮

【材料と作り方】

①ゴーヤー1kgは縦半分に切り、種とわたを除いて3㎜厚さに切る。さっとゆでて水にとり、そのまま1時間ほどおいてから、しっかり水けを絞る。

②鍋に砂糖200g、しょうゆ120㎖、酢¼カップ、はちみつ大さじ1を入れて火にかける。煮立ったら①を入れて、混ぜながら煮る。煮汁が半量くらいになったら切り昆布40gを加えて混ぜる。煮汁がほとんどなくなったら、たらこ(薄皮を除き、ほぐしたもの)100gを加えてよく混ぜ、汁けをとばす。

はやとうりのピクルス

【材料と作り方】

①はやとうり1kgは縦半分に切って種を除き、さらに縦半分に切り、2㎜厚さにする。ボウルに入れ、塩40gをまぶして一晩おく。

②鍋に砂糖130g、酢40㎖、カレー粉小さじ2を入れて火にかけ、煮立たせる。砂糖が溶けるまで混ぜる。

③①の水けを絞って耐熱の保存容器に入れ、②が熱いうちにかける。

●日持ちをよくするため、2～3日後に煮汁だけをもう一度火にかけて煮立たせ、戻し入れるとよい。

はやとうりは皮ごと食べられます。半分に割ったら、種の部分だけスプーンなどで取り除きます。

はやとうりのビール漬け

【材料と作り方】

①保存容器にビール2½カップ、粗塩1カップ、砂糖800gを入れ、砂糖が溶けるまでよく混ぜる。

②はやとうり20個は縦半分に切って種を除き、①に入れる。押しぶたをし、はやとうりが浮き上がらない程度の軽い重石をして5～7日間おく。

セロリの漬けもの

［材料と作り方］

①セロリ1kgは斜め薄切りにする。

②鍋にしょうゆ270㎖、酢180㎖、酒、みりん各½カップ、砂糖50gを入れて火にかけて混ぜる。砂糖が溶け、煮立ったら火を止める。熱いうちに①に注ぐ。皿などをのせて軽めの重石をし、粗熱がとれたら冷蔵室へ。

◎にんじんや切り昆布を入れてもおいしい。

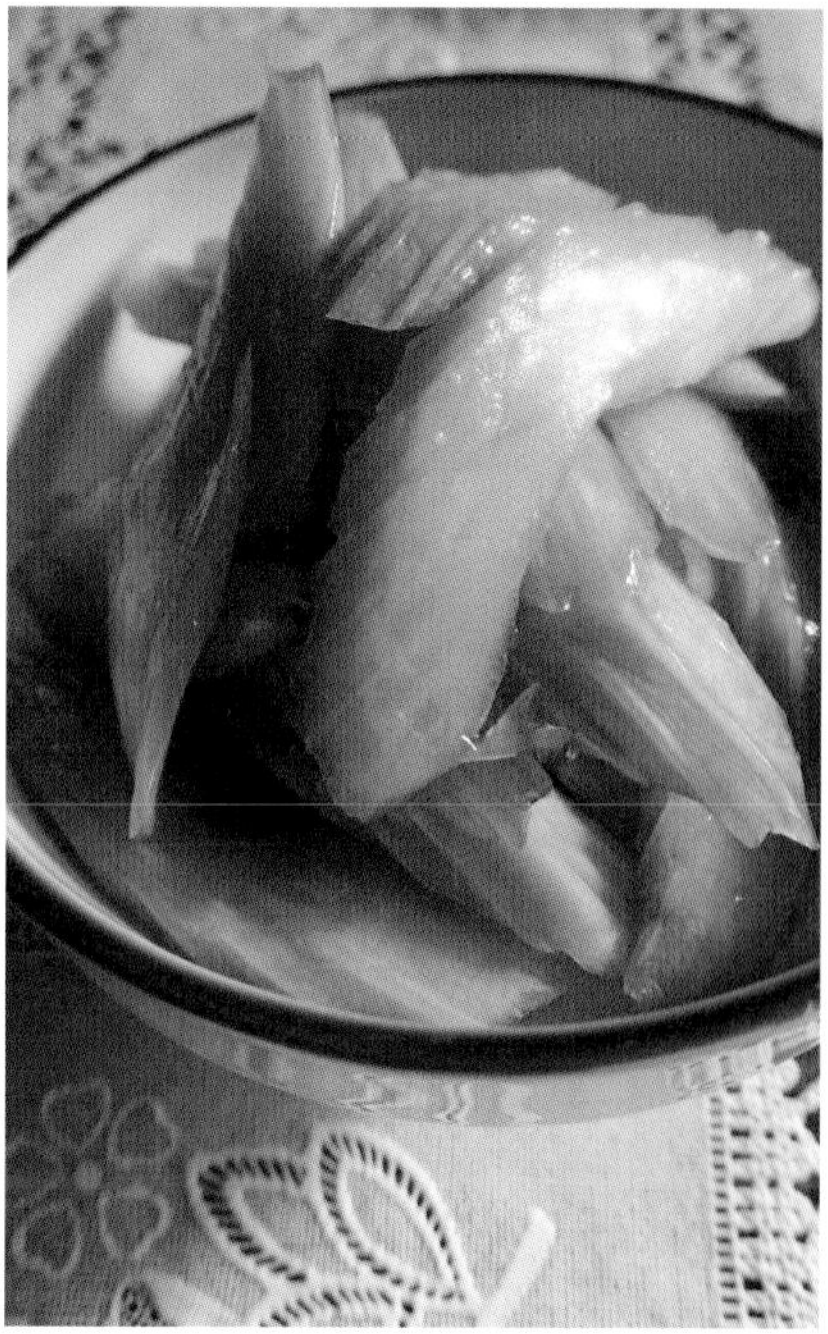

せっちゃんの重石コレクション。漬ける容器に合わせて押しぶた代わりの皿を入れ、その上にお気に入りの石をのせて出来上がり。

「セロリは脇芽から出る部分も全部無駄なく料理するの」せっちゃん

せっちゃんの保存食

和緒流の楽しみ方

秋編

栗の瓶詰めのおかげで一年中栗料理が楽しめます

栗のシロップ煮と渋皮煮はしっかりと脱気がされているので、1年以上おいても味が変わらない。渋皮煮の渋皮の色はやや薄れているようにも感じるけど、味が変わらなければ問題なし。どちらももち米と炊き込んだり、パンケーキやフレンチトーストにクリームと一緒に盛り付ければ、贅沢なデザートに。習いたてのパウンドケーキに入れて焼くと、栗の味がしっとり生地となじんで腕が上がった気になってしまう。渋皮煮とシロップ煮はそのまま小皿にのせてお茶と運べば、かわいらしいお茶菓子に。

きのこは簡単には手に入らない種類ばかりが瓶詰めにされているから、せっちゃんからいただくと大事に大事にとっておいてお客様のときに瓶を開けます。よい年のワインを開けるみたいに。もうそれだけでおいしいから、調理はシンプルに。卵と合わせる、鍋、汁もの、炊き込みご飯、具だくさんの大根おろしにして、そばにかけて食べるのも好き。旬のものをおいしいうちに保存食にし、一年中食べられるように瓶詰めする作業は楽ではないけれど、あとのお楽しみのほうが勝るから、きっとせっちゃんはずっと続けてきたのでしょうね。

栗のシロップ煮（P78）で
栗入り中華おこわ

栗のシロップ煮の甘みを生かして、おこわの味つけは砂糖を控えめにしました。もち米と栗以外の具材を炒めたら、炊飯器に入れて炊き上げます。

【材料】（4〜5人分）
栗のシロップ煮　6個
もち米　3合
豚バラかたまり肉　100g
下味
—しょうゆ、酒　各小さじ2
しょうがのしぼり汁
小さじ1
—
たけのこの水煮（P20）　80g
干ししいたけ　3枚
にんじん　1/3本
しょうがの細切り　1かけ分
合わせ調味料
—しょうゆ　大さじ2 1/2
酒　大さじ2
オイスターソース　小さじ1
—砂糖　小さじ1
米油、ごま油　各大さじ1

【作り方】
①干ししいたけは水につけ、一晩おいて戻す。もち米は洗って、約1時間水につけ、ざるにあける。
②豚肉は2cm角に切り、下味の材料をもみ込む。
③①のしいたけは水けを絞り、たけのこ、にんじんとともに1cm角に切る。
④フライパンに米油、ごま油、②を入れて中火で炒める。豚肉にほぼ火が通ったら③、しょうがを加えてさっと炒める。
⑤炊飯器にもち米を入れ、水350mℓと合わせ調味料を加えて混ぜ、④、栗をのせて普通に炊く。
⑥炊き上がってしっかり蒸らしたら軽く混ぜる。

きのこの水煮（P84）で

きのこのオープンオムレツ

フライパンいっぱいに卵液を流して焼き、半熟状になったらきのこをのせます。とろとろの卵と食感のいいきのこがマッチ。

［材料］（2～3人分）

きのこの水煮　½瓶（約100g）

卵　4個

塩　ふたつまみ

オリーブ油　大さじ2

［作り方］

①ボウルに卵を割りほぐし、塩を加えてよく混ぜる。

②きのこはざるにあけ、水けをきる。

③フライパンにオリーブ油を中火で熱し、①を一気に流し込み、へらで大きく混ぜる。

④半熟状になったらきのこをのせ、下をこんがりと焼く。

●このままトーストにのせて食べてもおいしい。きのこの上に溶けるチーズをのせるのもおすすめ。

●かけそばやかけうどんの上にのせても美味。

きのこの水煮（P84）で

きのこ鍋

せっちゃん自慢のひらたけは、豆腐とシンプルに鍋にして味わいます。ひらたけは水煮でもシコシコした歯ごたえがあり、滋味深いうまみが楽しめます。

【材料】（2～3人分）
きのこの水煮（ひらたけ）
½瓶（約100g）
豆腐　1丁（約300g）
油揚げ　1枚
だし汁（昆布）　3～4カップ
塩、しょうゆ　各適量

【作り方】
①きのこ、豆腐はそれぞれざるにあけて水けをきる。油揚げは細切りにする。
②土鍋にだし汁を入れて中火にかけ、温まったら①の豆腐は6等分に切って、きのこ、油揚げとともに加えてさっと煮る。味をみて、塩、しょうゆで味を調える。
◎好みであさつきの小口切り、かんきつ類の果汁などを添えても。

秋から冬へ

冬の保存食

上段右から
はやとうりのピクルス
（90ページ）
長いもとカニ缶のあえもの
きのこのおろしあえ
（85ページ）
カリフラワーのソテー

ある日の食卓

1列目2段上から下へ
はやとうりの即席漬け
大根のハリハリ漬け
（109ページ）
わらびとたけのこのしょうゆ漬け
（18ページ）
甘い梅干し漬け
（47ページ）
冷凍里芋の煮もの
（冷凍里芋123ページ）
鶏肉の塩麹漬け焼き

2列目2段上から下へ
大根とホタテのマヨサラダ
きゃらぶき
（15ページ）
セロリの漬けもの
（91ページ）
みょうがの佃煮
（57ページ）
野沢菜の切り漬け
（106ページ）
きのこと大根の煮もの
（85ページ）

上段右から

野沢菜の切り漬け（106ページ）

新しょうがの切り昆布煮（26ページ）

栗おこわ（80ページ）

ゴーヤーの佃煮（88ページ）

野沢菜のかぶの酢漬け（107ページ）

大根のハリハリ漬け（109ページ）

本うりの酒粕漬け（58ページ）

カリカリ梅漬け（43ページ）

メンマのピリ辛炒め

はやとうりの即席漬け

きゃらぶき（15ページ）

たけのこのピリ辛炒め（22ページ）

カリカリ梅漬け

セロリの漬けもの（91ページ）

はやとうりのピクルス（90ページ）

くるみ入り田作り（117ページ）

甘い梅干し漬け（47ページ）

ふりかけ（116ページ）

わらびとたけのこのしょうゆ漬け（18ページ）

霜が降りると一気にかぶが甘みを蓄える。白菜は収穫したら丸ごと干します。外葉がチリチリ、カサカサするまで陰干しし、3月まで土蔵に保存しながら食べます。

漬けものは「こずく」のが大事。時間をかけておいしくします

冬の大きな仕事は野沢菜と大根、白菜漬けの3つ。まずは畑で野菜を収穫し、束ねたり、干したり、下漬けしたり。準備の段階の工程がいくつかありますが、どのプロセスも意味のある大切な部分。手を抜くことなく、「こずく」とせっちゃん。方言でコツコツとまめにやるという意味なんだそうです。漬けものはこずくがないとおいしくならないのです。毎年手伝いに行くと、もう野沢菜は長さを揃えてある、白菜は干してある、大根もUの字に曲がるほど干されているから、あとは漬けるだけの一番楽しいところをやらせてもらってばかり。漬けものは春先まで食べられるように大きな樽に漬けます。お客様も、おすそ分け先も多いせっちゃんのお宅ですから、その量に驚くばかりですが、それを毎年作り続けているせっちゃんのパワーがすばらしい。小さな体のどこから湧いてくるのでしょう。

漬けもの作業のときにはせっちゃんコーディネイトで作業着をお借りし、戦闘態勢に入ります。最初は中に暖かいものを何枚も着込むのですが、10分もたたないうちに頭から湯気が出るくらい暑くなって、一枚一枚脱いでいく。それほど漬けものは重労働です。

野沢菜洗いは日のあるうちに済ますと決めています。外の洗い場に立つときには長靴をはき、レインウエアをはおり、ゴム手袋をして完全防備で挑みます。

【野沢菜】

野沢菜はりんごとにんにくを一緒に漬けます

野沢菜はまず予備漬けをします。このときの塩は浸透のよい食塩を使います。一晩〜一日つけて水が上がったら、本漬け。香りづけのりんごと防腐効果のあるにんにくを入れるのがせっちゃん流。12月くらいに毎年野沢菜漬けをしますから、年明けには食べ始められ、浅漬けのようなフレッシュさが味わえます。春が近づくにつれ、古漬けとなって酸味も立ってきますが、「古漬けは奥ゆかしい味」とせっちゃんは言います。時間経過で味わいの変化を楽しめるのも漬けものならではです。

畑の野沢菜がすくすく伸びて、いい頃合いになったら、かぶごと抜いて、茎葉とかぶを分けます。野沢菜のかぶがこんなにかわいらしい赤紫色だったことをせっちゃんの畑で知りました。

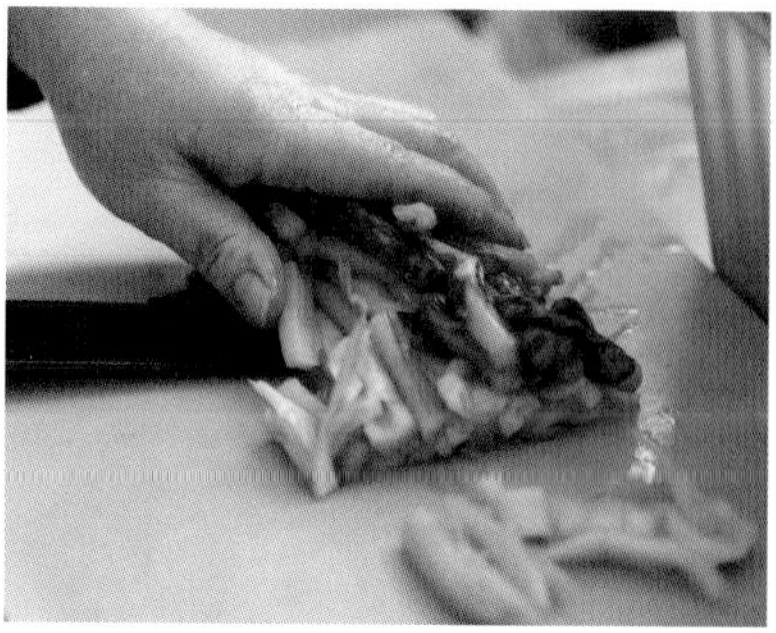

野沢菜漬け

【材料】
野沢菜　10kg
塩　約1kg＋250g
りんご　7個
にんにく（無臭）　大6〜7個
赤とうがらし　6〜7本
ざらめ　200g
焼酎　適量
早漬けしょうゆ（浅漬け用の調味液）　1½カップ

【下準備】

◎藁をたたく（結びやすくするため）。

◎野沢菜はかぶを切り落とし、変色したり傷んだりした茎や葉を除き、1日おく（洗わなくてよい）。

◎大きめ、小さめを2〜3株ずつ合わせて、藁で根元のほうを2回巻いて結ぶ。

◎藁を巻いた根元のほうを上にして持ち、包丁で十文字に2回切り込みを入れる（縦×2回、横×2回）。

【予備漬け】

①桶に野沢菜を並べ、塩（食塩でよい）をふるのを繰り返す（上にいくほど塩は多くする）。

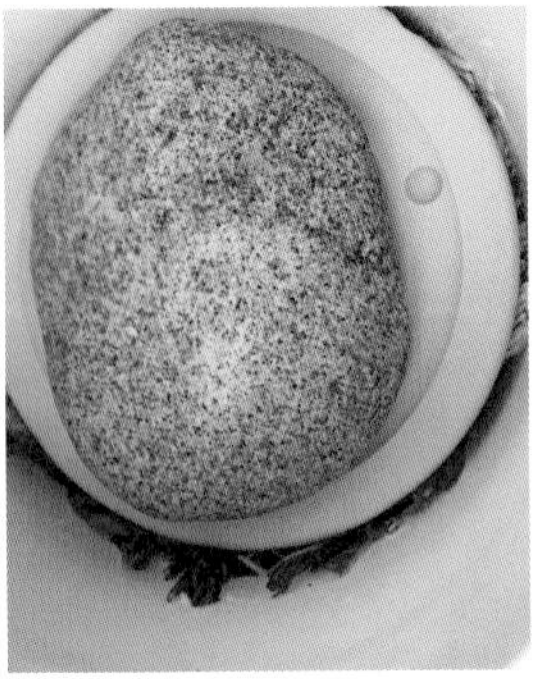

②押しぶたをし、重石をする。上段の野沢菜から20cm下までひたるくらいの水を注いで1日おき、しんなりさせる。

【本漬け】

③りんごは皮ごとよく洗って縦半分に切り、へたと下の部分は除いて皮つきのまま横1.5～2㎝幅に切る。にんにくは7～8㎜厚さに切る。

④本漬け用の桶の内側に漬けもの用ポリ袋を入れる。

⑤予備漬け②の塩水の中で茎の根元をしっかりもんで洗い、泥を落とす。続けて茎、葉も軽くもんできれいにする。

⑥さらに流水で根元～葉をもみながらよく洗う。

⑦ざるにあけて水けをきる。

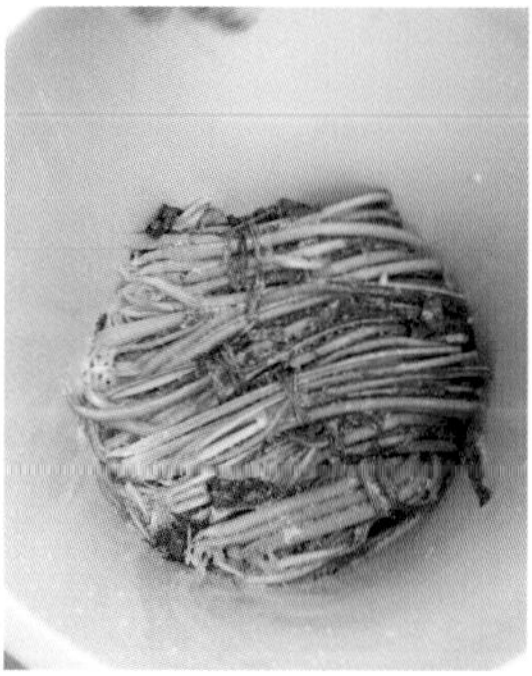

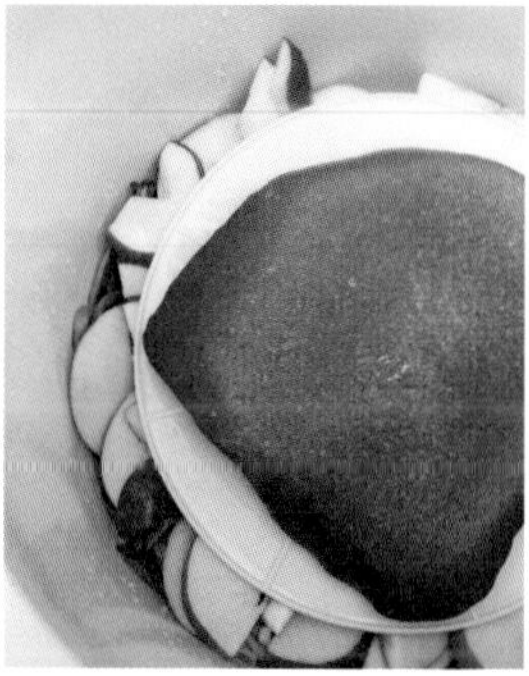

⑧④の桶に塩をふり、野沢菜の束を半分に折ってすき間なく底に並べる。塩（今度は下のほうを多めに）、ざらめを散らし、赤とうがらし2本をのせ、りんご、にんにくを広げ、焼酎をかける。

⑨⑧を繰り返す。ただし、下に並べたものから90度回して十文字になるように並べる。また、塩、ざらめ、りんごは毎段、赤とうがらし、焼酎、にんにくは2段に1回。最後は塩、ざらめ、りんご、にんにくをのせ、焼酎、早漬けしょうゆをかける。

⑩押しぶたをのせ、重石（かなり重め）をおく。ポリ袋を折ってかぶせ、ふたをする。冷暗所におき、水が上がってきたら、重石を軽くする。約1か月後から食べられる。

【保存期間】冷暗所で約4か月

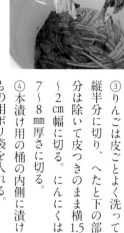

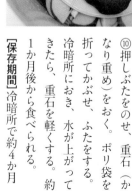

野沢菜の切り漬け

【材料】

野沢菜　5kg
にんじん　大2本
干ししいたけ（好みで）　3個
切り昆布　ひとつかみ
漬け汁
- 薄口しょうゆ　3¾カップ
- ざらめ　180g
- 酢　1½カップ

【作り方】

①干ししいたけは水で戻し、薄切りにする。

②漬け汁を作る。鍋に①、しょうゆ、ざらめを入れて火にかけて混ぜる。ざらめが溶けたら酢を加えてひと煮立ちさせる。火を止めてそのままおき、完全に冷ます。

③にんじんは皮をむいて斜め5㎜厚さ、さらに5㎜幅の細切りにする。

④野沢菜は茎の根元を切り落として洗い、3㎝長さに切る。

⑤桶に野沢菜、にんじん、昆布の順に広げてのせる（a）。②をまわしかけ（b）、まんべんなくよく混ぜ、材料全体に漬け汁がからむようにする。押しぶたをのせ、重石をして一晩おく。

⑥全体を混ぜ、再び重石をしておく。水が上がったら重石を軽くする。

●漬け汁は材料全体に行き渡るくらい。一晩おいて汁がひたひたくらいまで上がればよい（c）。上がってこない場合は汁が足りないので、同じ漬け汁を適量作って足す。

【保存期間】冷暗所で2～3か月

a
野沢菜が下に、その上ににんじんや昆布をのせて広げます。

b
冷めた漬け汁を全体にまわしかけ、汁が全体に行き渡るように混ぜます。

c
「一晩おいて、漬け汁がひたひたまで上がっているか確認して」

野沢菜のかぶの甘酢漬け

【材料】

野沢菜のかぶ　10kg

甘酢

- 酢　1升（1800mℓ）
- 砂糖　1kg
- 塩　500g

【作り方】

①鍋に甘酢の材料を入れて火にかけ、混ぜる。砂糖が溶け、煮立ったら火を止めてそのまま冷ます。

②かぶは皮をむいて縦半分に切る。

③保存容器に②を入れ、①をかける（a）。押しぶたをして重石をのせ、約1週間おく。

【保存期間】冷暗所で3〜4か月（冬に漬けたら春ごろまで）

「かぶは捨てていたけど、甘酢に漬けたら意外においしい」

せっちゃん

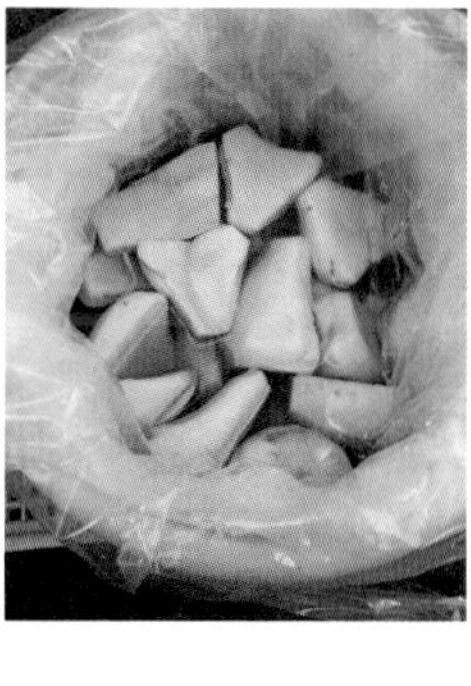

a 「大きいほうがおいしいので、大きめのかぶを選んで漬けています」

【大根】

水分が抜けて大根は曲げても折れない。これが目安になります。漬けものによって水分の抜き加減は変わるそうです。

葉付き大根でないといけない意味があります

初冬に収穫される大根は立派な葉付きです。その大きく茂った葉をさおにくくりつけて、大根を干す。葉つきのままだと水分も抜けやすいのです。夜は寒さで凍えないようにおふとん（シート）をかけてあげ、1か月以上かけてしっかりと干します。表面にちりめんのようなシワがよって、大根を曲げてみると、Uの字になるくらい水分が抜けてふにゃふにゃに。この状態になるまで干します。干した後の大根の葉は処分しますが、ひと昔前はお風呂に入れて体を温めたと聞きました。

大根のハリハリ漬け

【材料】

干し大根　1kg

しょうがのせん切り　適量

漬け汁

- 酢　2½カップ
- しょうゆ　1ℓ
- ざらめ　900g～1kg

【下準備】

◎干し大根を作る。大根はひもで縛って縦にして1か月以上干す。大根が結べるくらいになればOK。折れてしまいそうな場合は、さらに干す。

【作り方】

①鍋に漬け汁の材料を入れて火にかけ、混ぜる。砂糖が溶け、煮立ったら火を止める。そのままおいて冷ます。

②干し大根を薄い半月切りにしてボウルに入れる。熱湯をまわしかけ、ざるにあける。2～3回水でもみ洗いをし（a）、しっかり絞る（b）。

③保存容器に②、しょうがを入れて混ぜ、①を注ぐ（c）。押しぶたをのせ、重石をする。1週間後くらいから食べごろ。

【保存期間】冷暗所で約6か月

「干し大根は2㎜厚さに切ると私好みの歯ごたえ」せっちゃん

a　水の中でもみ洗いして、干し大根独特の日向臭さを除きます。

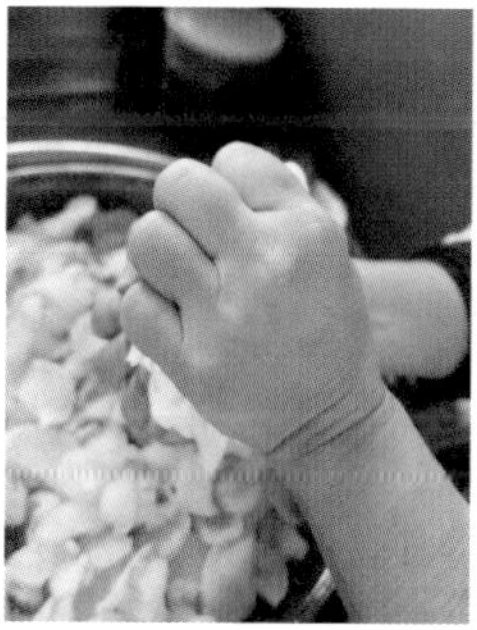

b　ペーパータオルで干し大根を包み、両手でギュッと握って水けを絞ります。

c　干し大根の上にしょうがのせん切りをのせて、冷めた漬け汁をまわしかけます。

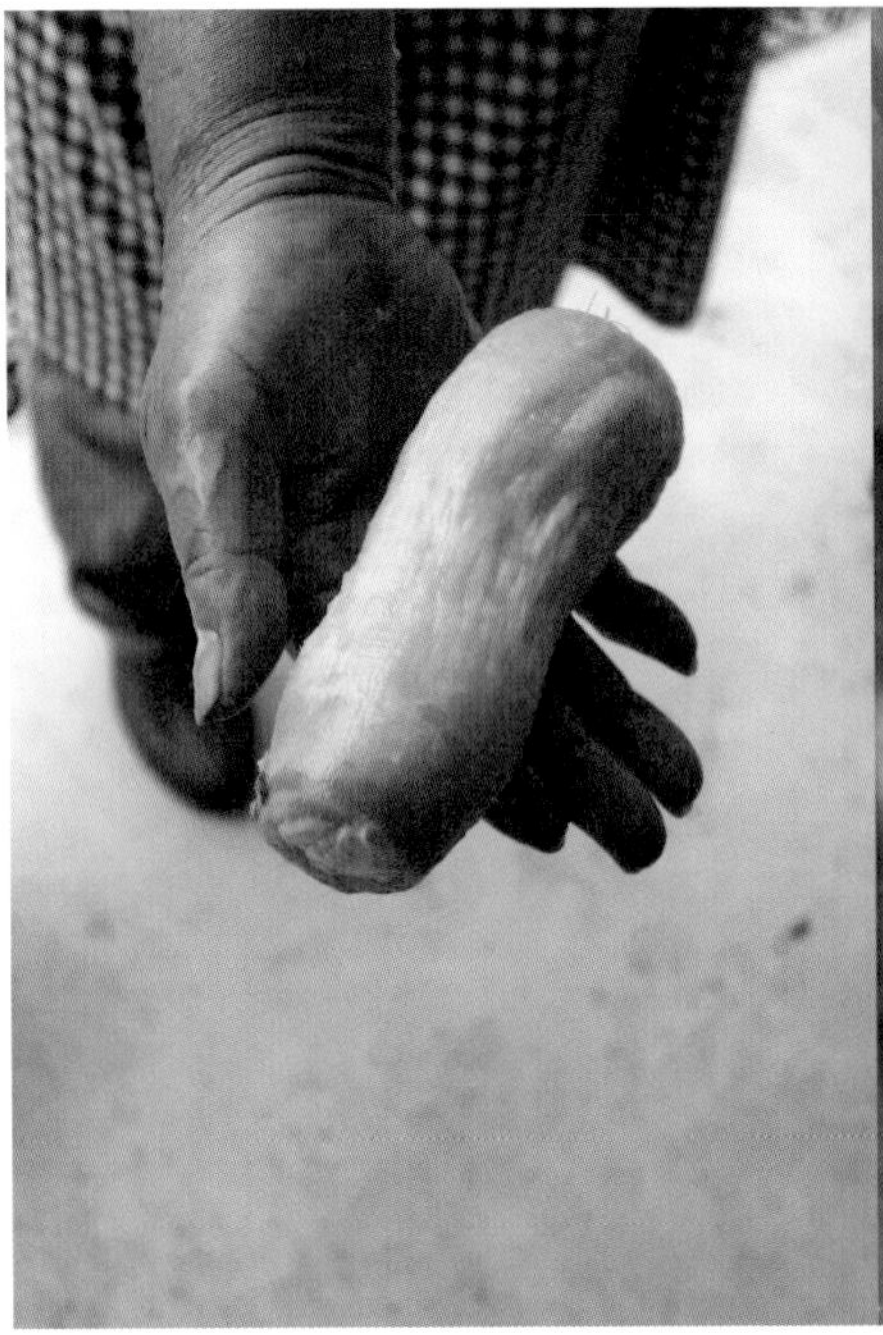

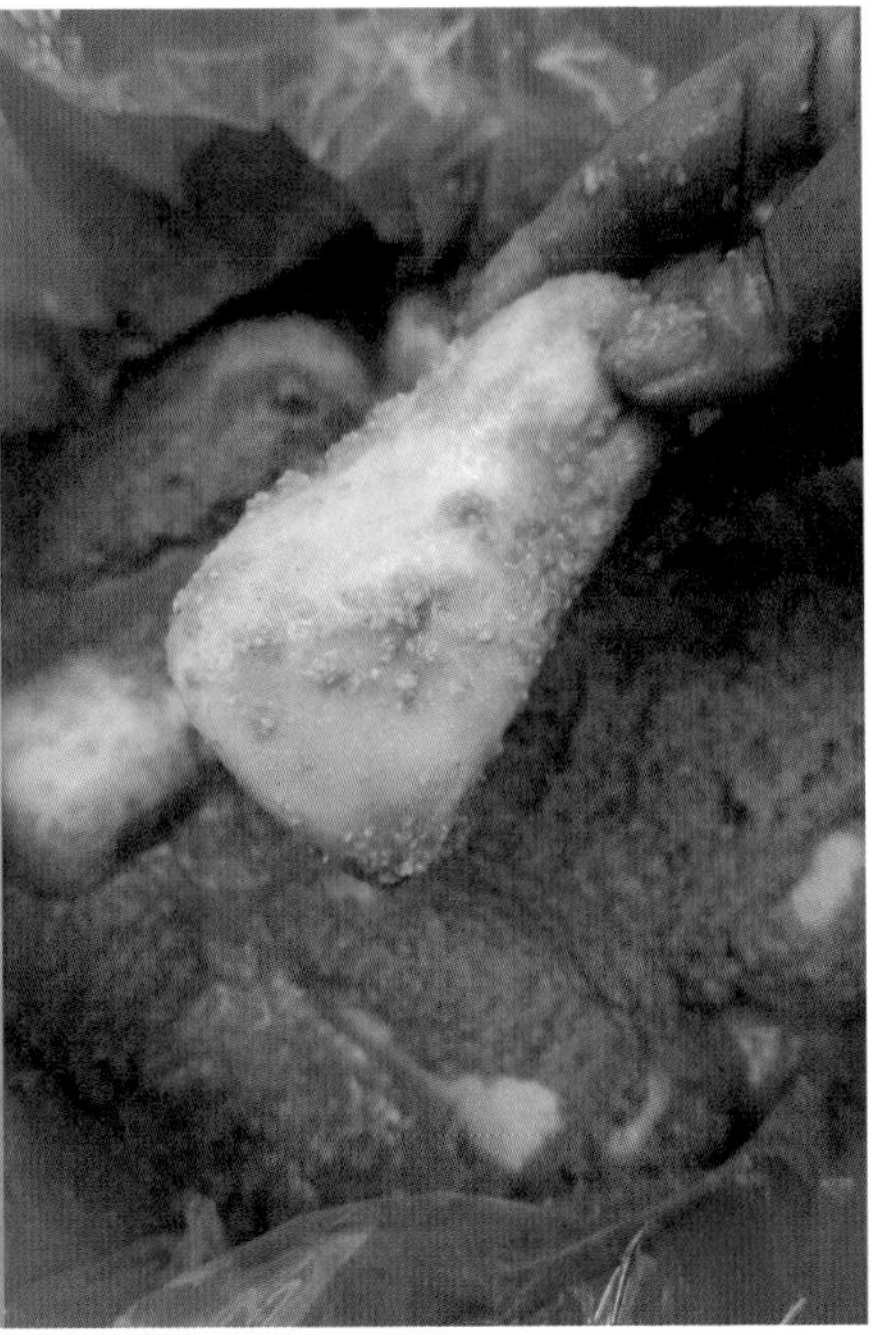

ねずみ大根のこぬか漬け

[材料]

ねずみ大根　10kg
塩　500〜600g
ざらめ　1.8kg
米ぬか　700g
大根漬けの素（たくあん用のもの）　½袋

[作り方]

①ボウルに塩、ざらめ、米ぬか、大根漬けの素を入れ、よくかき混ぜる。
②桶の底に①を広げ入れる。ねずみ大根をすき間なく並べ、再び①を入れるのを繰り返す。一番上は①が多めになるようにする。
③押しぶたをし、重めの重石をのせる。水が上がってきたら重石を軽くする。

◎ねずみ大根はそのまま漬けてもよいが、1週間くらい干してから漬けるのも味がよくなるのでおすすめ。

[保存期間]冷暗所で約4か月

ねずみ大根は信州伝統野菜の一つ。辛みが強く、大根おろしにして、そばと一緒に食べることも。

【白菜】

白菜漬けは漬ける前に干すことが大事

白菜は収穫をしたら軒下のゴザの上で2週間ほど干します。白菜がずらりと並ぶ様子はお地蔵様のよう。整列具合が几帳面なせっちゃんらしい。漬けもの用は切ったらまた1日干して、中の水分も適度に抜きます。漬けものは寒くないとうまく漬からない。冷たい水で洗い、薄氷がはるくらいキンと冷えた樽の中で熟成していきます。白菜漬けも年明けから春先まで長く楽しめる。春になると酸味が出てきてにおいもきつくなりますが、それがまた癖になる味で「白菜残ってる？」ってせっちゃんに連絡するくらい目当てにしています。

白菜漬け

【材料】

白菜　4kg　※白菜はかたく巻いたものを選ぶとよい

塩　160g

切り昆布　15〜20g

ざらめ　適量

酒　¼カップ

赤とうがらし　10本

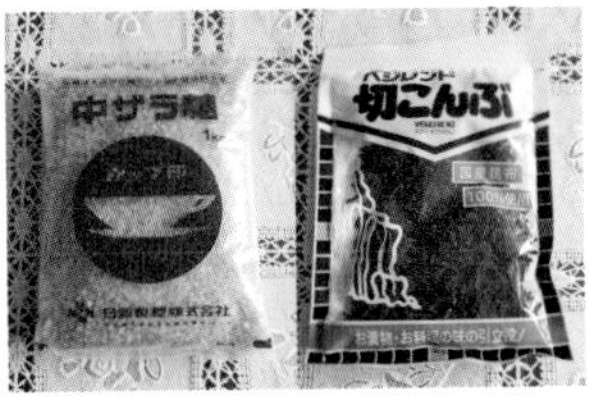

切り昆布は味がついていないもので、細切りのものより、太めのものを、砂糖はゆっくり溶けるざらめを使っています。

【下準備】

（白菜を干す）

◎白菜の根元に十文字に切り込みを入れる。

◎手で四つに割る。

◎わらやござの上にのせ、一日干す。

【下漬け】

①白菜を洗って水けをきる。

②塩をふって切り口を上にして桶に入れていく（上にいくほど塩を強くする）。

③押しぶたをのせて重石をし、2日間くらいおく。

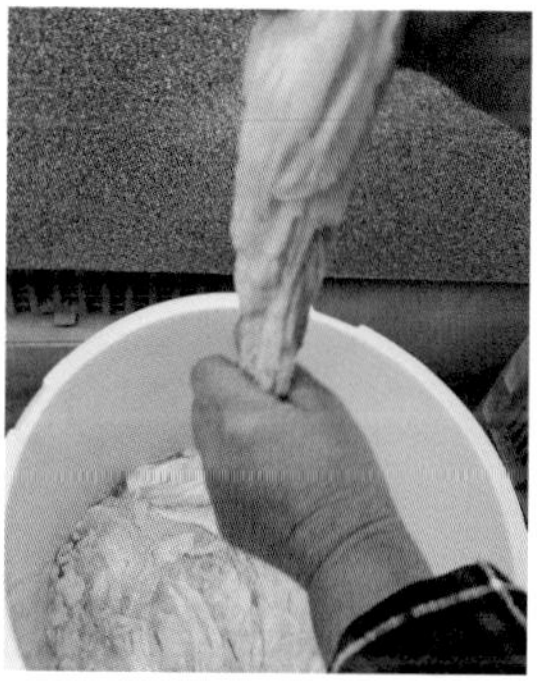

【本漬け】

④下漬けができたら（水が上がったら）、水けを軽く絞る。漬け汁は取り置く。

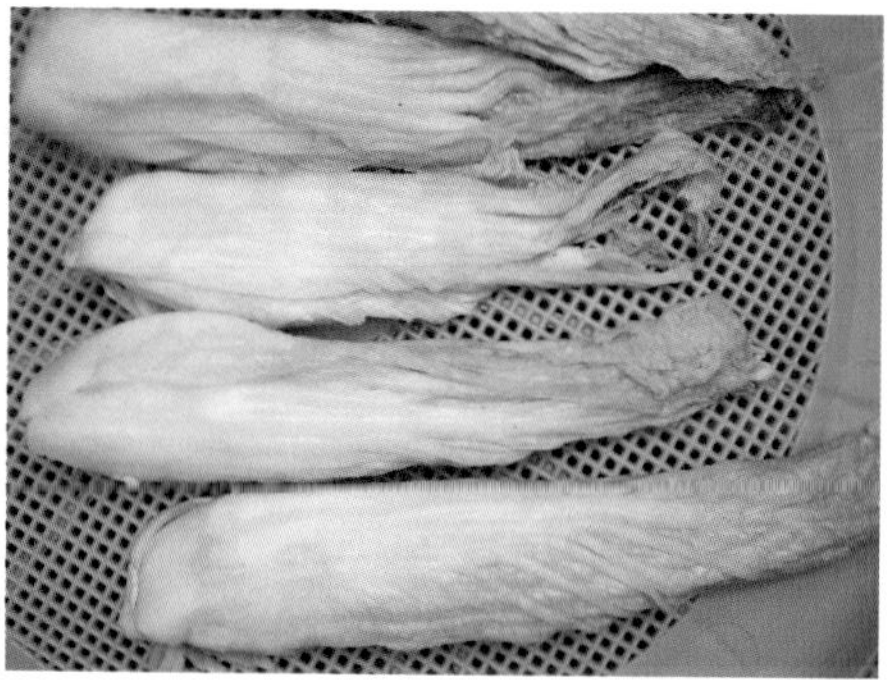

⑤ざるに並べる。

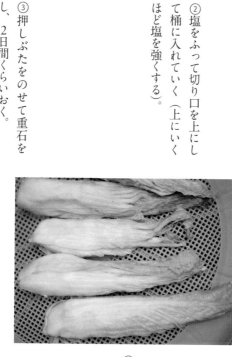

⑥白菜の葉の間に切り昆布を入れ、切り口を下にして桶に4～5切れ交互に並べ、赤とうがらし、ざらめ、酒、切り昆布をふる。これを繰り返す。

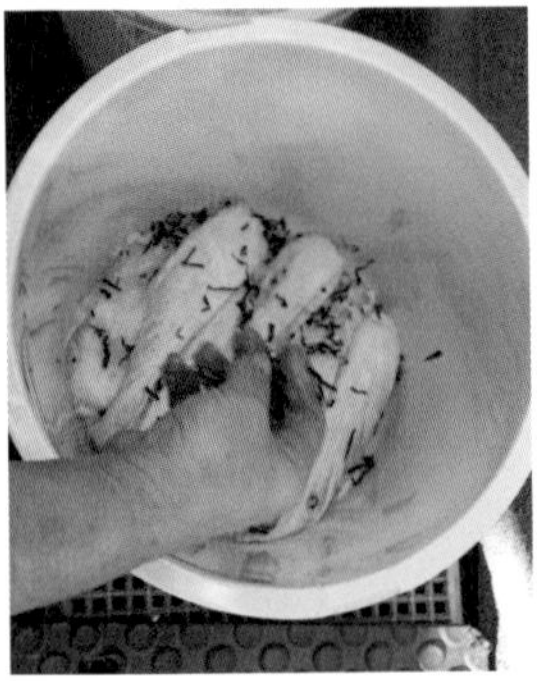

⑦一番上はざらめ、酒を多めにふる。

⑧押しぶたをのせ、重石をして冷暗所におく（水の上がりが悪ければ取り置いた下漬けの漬け汁を足す）。

●常に水が上がっている状態をキープする。

【保存期間】冷暗所で約4か月

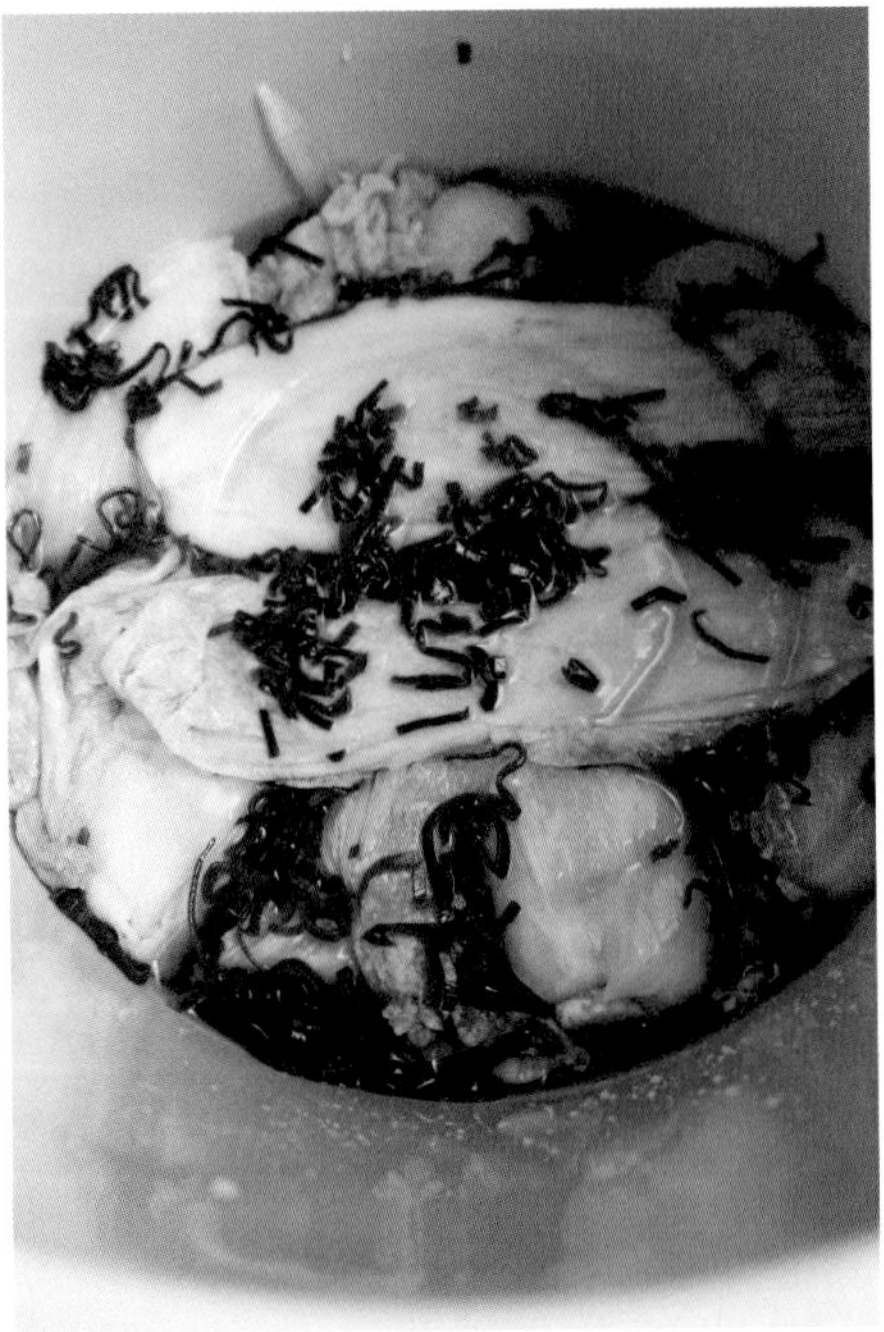

「古くなった漬けものは炒めると違ったおいしさ」せっちゃん

冬の常備菜

野沢菜漬けのピリ辛炒め

①「野沢菜漬け」（P103・古漬けがよい）は2㎝長さに切り、水につけて塩抜きする。少し塩けが残るくらいになったら水けを絞る。
②鍋にサラダ油を入れて熱し、野沢菜をさっと炒める（a）。しょうゆ、酒、みりん、砂糖、顆粒和風だし、七味とうがらしを加え、調味する。汁けがなくなるまで炒める。

a 野沢菜漬けに油がまわればよく、調味料を加えて炒め合わせます。

切り干し大根の漬けもの

［材料と作り方］

①鍋に砂糖2カップ、しょうゆ、酒各1カップを入れて火にかける。沸騰し、砂糖が溶けたら火を止め、そのままおいて冷ます。冷めたら酢1カップを加える。

②切り干し大根200gを熱湯につけて戻す。戻ったら流水でよく洗い、水をしっかり絞る。

③にんじん1本、しょうが1かけはせん切りにする。

④大きめの容器に②、③、塩昆布1袋（約52g）、白いりごま適量を入れ、①を注いで重石をする。時々混ぜる。

ふりかけ

［材料と作り方］

①鍋にしょうゆ、酢、みりん各¼カップ、砂糖150〜200g、バター少々を入れて火にかけて混ぜる。砂糖が溶け、煮立ったら火を止める。

②耐熱ボウルにこうなご100g、さば節100g、塩昆布1袋（約52g）、白いりごま30g、くるみ適量を入れてざっと混ぜる。①を加えて混ぜる。はちみつ適量を加えてさらに混ぜる。

しょうが焼きのたれ

［材料と作り方］

①しょうが260gは薄切りにする。

②フードプロセッサーに①、にんにく30g、砂糖200g、水1カップを入れて攪拌し、細かくする。

③厚手の鍋に②、しょうゆ1¾カップ、はちみつ大さじ½、りんごジュース1カップを入れて火にかける。混ぜながらとろみがつくまで煮詰める。

くるみ入り田作り

［材料と作り方］

①厚手のフライパンにごまめ120gを入れて、弱火にかける。焦げないようにカリッとするまで菜箸で混ぜながらいる。

②耐熱皿にオーブン用ペーパーを敷き、くるみ180gを広げ、ラップをかけずに電子レンジ（500W）で約3分加熱する。

③鍋に砂糖150g、塩5g、水¼カップを入れて火にかける。砂糖が溶け、大きな泡が立ったら①、②を加えてよく混ぜて火を止める。粗熱がとれるまで混ぜる。白く乾いてきたら出来上がり。

せっちゃんの保存食

和緒流の楽しみ方 冬編

冬は漬けものがいっそうおいしい。古漬けになってもいい味が出ます

冬の保存食はとにかくご飯がすすむものばかり。野沢菜で一杯、白菜で一杯、大根で一杯と、おかわりが続いてしまう。発酵食の力強さと、繊細でしなやかな歯ごたえは毎日食べても飽きません。

野沢菜は食べる直前に樽から引き上げ、切って盛り付ける。時間がたつと苦みが出てしまうから不思議。持って帰ると、味が変わっているのがはっきりとわかります。野沢菜漬けはその場で食べるのがベスト。持ち帰ったものはおやきの具にしたり、卵焼きに入れたりすると、発酵食独特のうまみがプラスされて、コクが出ます。

切り漬けは、生の野沢菜が手に入らないため、なんとかあの味をうちでも食べたいと小松菜で作ってみました。茎の太い小松菜を使うと野沢菜と見間違うほどの出来です。そして切り漬けは適度な量で作れるのも魅力。作りたい分量で、調味料を調整します。

古漬けの白菜で作るスープは酸味とこなれた塩けの効果で、滋味深い味わいに。白菜のうまみが染み出し、汁が琥珀色に染まります。ほとんど味つけはいりませんが、ほんの少しナンプラーやしょうゆを香り付け程度に入れると、白菜の味がいっそう引き立ちます。

野沢菜漬け（P103）で

野沢菜入り じゃがいもおやき

長野の郷土料理〝おやき〟を簡単アレンジ。生地のベースはすりおろしたじゃがいもで、小麦粉はつなぎ程度に加えます。もちっとした食感が味わえます。

【材料】（2～3人分）
野沢菜漬け（古漬け、酸味があるもの）　60g
じゃがいも
　2個（正味220g）
ちりめんじゃこ　大さじ2
小麦粉　大さじ2
米油　大さじ1

【作り方】
①野沢菜は2～3cm長さに切る。
②じゃがいもは皮をむいてすりおろし、ボウルに入れ、小麦粉を加えてよく混ぜる。粉っぽさがなくなったら野沢菜、じゃこを入れて軽く混ぜる。
③フライパンに米油を入れて中火で熱し、②を大さじ2くらいずつ落として焼く。こんがりと焼き色がついたら上下を返し、同様に焼く。好みでポン酢じょうゆなどをかけても。

野沢菜の切り漬け（P106）をアレンジ

小松菜の切り漬け

長野県以外では、生の野沢菜はなかなか手に入りません。手に入りやすい青菜で合うのは何かと考えてやってみたのが小松菜です。これはこれでおいしい。

［材料］（作りやすい分量）

小松菜　500g
にんじん　1本（約100g）
切り昆布　13g
薄口しょうゆ　¾カップ
酢　60mℓ
砂糖　40g

［作り方］

①鍋にしょうゆ、酢、砂糖を入れ、混ぜながらひと煮立ちさせる。そのままおいて冷ます。
②小松菜は4cm長さに切り、にんじんは4cm長さのせん切りにする。切り昆布は長い場合は食べやすい長さに切る。
③ボウルに①、②を入れ、ひと混ぜする。押しぶたをして重石をのせ、一晩おく。水が上がったら出来上がり。

●水けが出ない場合は、もう一度混ぜて、再び重石をして様子をみる。
●味が足りない場合は、調味料を少し足して混ぜ、2〜3時間おいて様子をみる。
●一晩おくと味がしっかりなじむので、できれば急がず、余裕を持って作ってください。

白菜漬け（P112）で
白菜漬けと豚バラのスープ

しっかり漬かった古漬けはうまみが増すのでスープにおすすめ。酸っぱいくらいのもので。脂が多い豚バラ肉を合わせるともっとおいしくなります。

【材料】（2人分）
白菜漬け（古漬け）　150g
豚バラ薄切り肉　50g
ナンプラー　適量
米油　小さじ2
ごま油　少々

【作り方】
①白菜漬けは細かく切る。豚肉は細切りにする。
②鍋に米油、ごま油、豚肉を入れて中火にかけ、炒める。豚肉の色が変わったら、汁けを軽く絞った白菜を入れてさっと炒める。
③水2½カップを加え、沸騰したら弱火にする。ふたをして約5分煮る。
④味をみてナンプラーで味を調える。
●きくらげ、たけのこ、春雨などを入れて具だくさんスープにしたり、香菜を加えたりしてもおいしい。

古漬けになったものは小分けにし、冷凍して保存しておいても。

せっちゃんの冷凍わざ

瓶詰めや塩漬けのほかに、冷凍保存しているものもたくさんあります。いつもあるのは〝おこわ〟です。蒸し器にたっぷりと蒸したら小分けにして冷凍しておきます。

きゃらぶきやわらびのしょうゆ漬け、新しょうがの切り昆布煮など多めにできるものも冷凍保存しています。

そのほかには時間短縮のために、下ごしらえした野菜も冷凍しています。ここではせっちゃんがよく冷凍している野菜を紹介します。

にんにく

にんにくは薄皮をむいてフードプロセッサーで細かくします。1片分ずつラップに包み、冷凍用保存袋に入れて冷凍。こうやっておけば、忙しいときもにんにくがすぐに使えます。

里芋

「里芋は冷凍保存が一番いい」とせっちゃん。皮をむき、塩をふってもんでぬめりをとります。さっと洗って水けをふき、生のまま冷凍用保存袋に入れて冷凍室へ。煮もの用には大きめに、みそ汁やとん汁用には薄切りと、大きさを変えて冷凍。使うときは凍ったまま使います。

野沢菜ときのこ

せっちゃんは多めに採れた野菜を冷凍しておき、みそ汁の具にしています。今日は野沢菜とえのきたけ。野沢菜といっても間引いたもので、さっとゆでてから冷凍。ほかの青菜でもＯＫです。えのきたけは根元を切り落とし、食べやすい長さに切って生のまま冷凍。凍ったままだし汁に入れて煮るだけなので、あっというまに出来上がり。

「冷凍しておくと忙しいときにとにかく便利なの」

せっちゃん

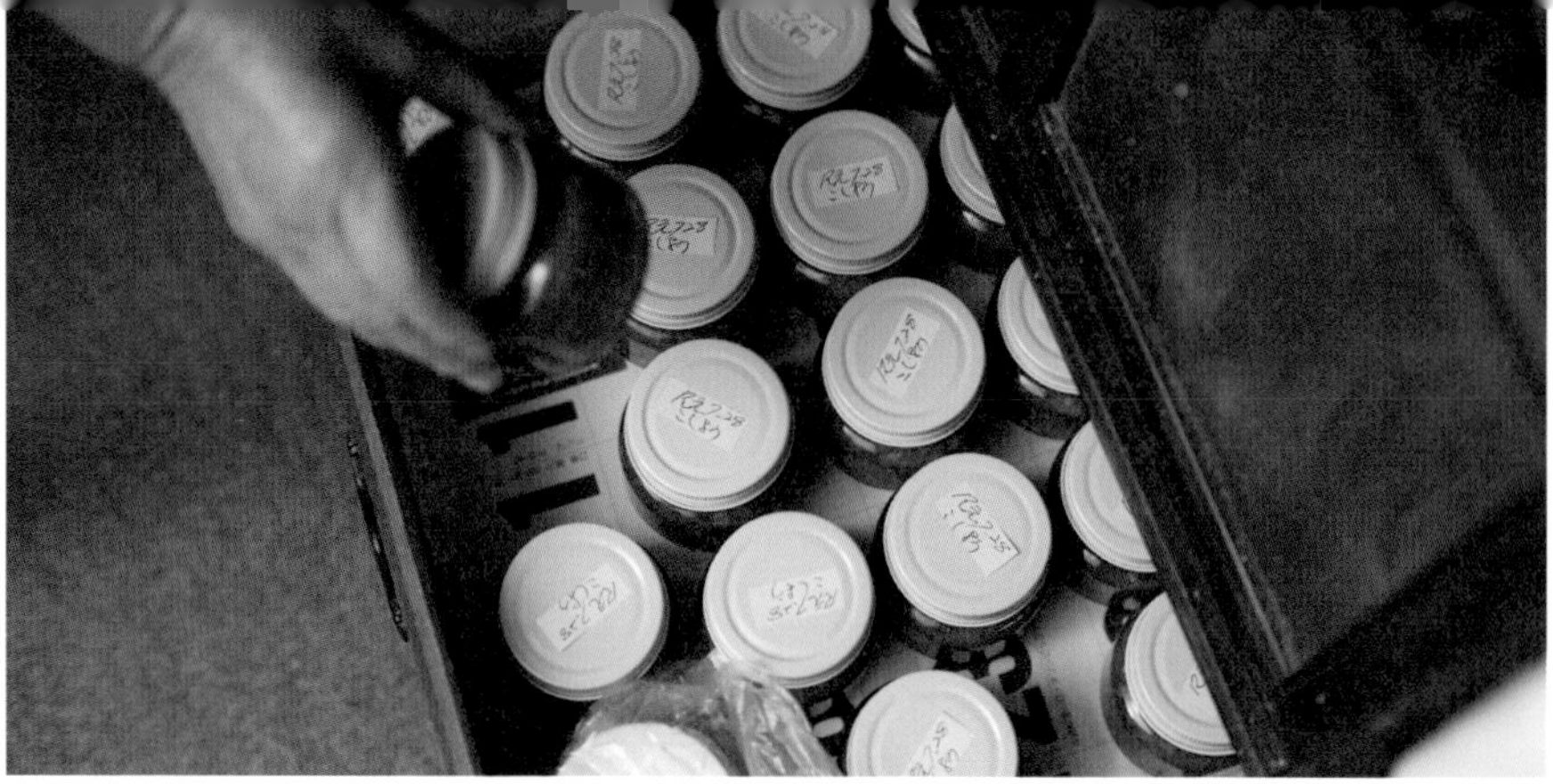

瓶詰めのやり方

ジャムや水煮などはもちろん、佃煮なども長期間保存ができるように瓶詰めにしています。きちんと瓶詰めできれば1年は十分に持つので。詰めるものが違ってもやり方は同じです。ただ、瓶の大きさによって脱気の蒸し時間が変わります。大瓶（９００㎖）なら20分、中瓶（４５０㎖）や小瓶（１２５〜２２５㎖）なら15分が目安です。

ふたを閉めるときなど熱いので火傷に気をつけましょう。

消毒

①瓶とふたは洗剤で洗い、流水できれいに洗い落とします。蒸気が上がっている蒸し器に瓶の口を下にして並べ、上にふたをのせ、約20分蒸します。

②清潔なかごに、清潔なふきんで取り出し、瓶の水けをきります。

脱気

③詰めるときは瓶の口ぎりぎりまで入れ、ふたとの空間がなるべく少なくなるようにします。

④中身がこぼれないよう、ふたを軽く閉めます。

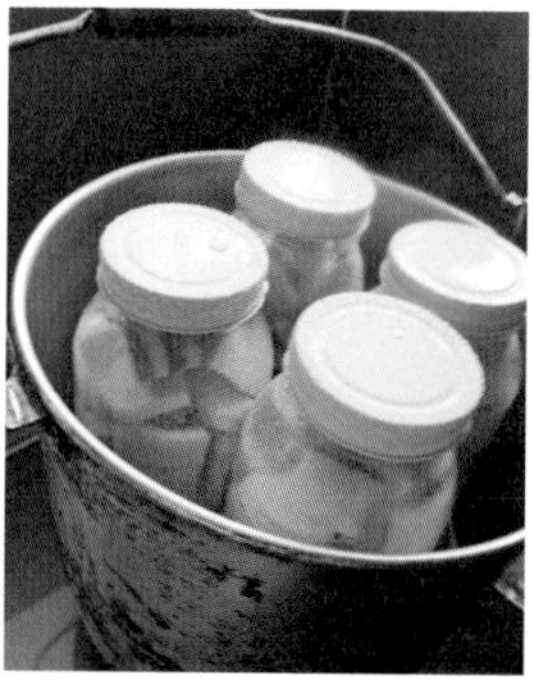

⑤蒸し器に蒸気が上がったら瓶を入れ、瓶のふたをゆるめて15～20分蒸します。

殺菌

⑥清潔なふきんで瓶を取り出し、口をしっかりと閉めたら、再び急いで蒸し器に並べます。熱いので火傷に注意してください。

⑦20分蒸したら瓶を取り出し、冷まします。触れるくらいになったら、瓶ごと流水できれいに洗います。熱を加えるとふたがゆるむので再びしっかり閉めます。きちんと脱気できると、ふたの真ん中がへこみます。

●せっちゃんは保存性を高めるためにふたは毎回新品を使います。瓶は再利用します。

あとがき

堀田節子

私の味を振り返ってみるとそこには両親と祖母がいます。子どものころ、食べるものは今のように豊富ではありませんでしたが、母は田舎の味に笑顔を添えて出してくれました。昔は大部分の家が自給自足の生活で、お米をはじめ大麦、小麦、大豆、そば、あわなどをいろいろな食べものに加工し、野菜はさまざまな漬けものなどにしてきました。本うりの粕漬け、なす漬け、からしなす、野沢菜漬け、たくあん漬け、野菜のみそ漬け、梅漬けなど、当時冷蔵庫はなかったので漬けものは日常生活に大変重宝しました。今、私もそんな子どものころを思い出しながら保存食の尊さを味わっています。

いろいろな人たちからいろいろな食べ方を教わり、その味に足し算引き算をして自分の味にしています。私がよく言っているのは、味は塩と砂糖のバランス。塩けの中に甘さがあり、甘さの中に塩けを…。

食べることはいつの世でもおいしく楽しく、味わいたいものです。そして忘れてはならないのは笑顔というひと味を添えるということ。

最後になりますが、和緒さんたちと長年「せっちゃんの会」で保存食づくりを積み重ねてきたことがこのような一冊の本となり、大変ありがたく思っております。この本づくりに関わってくださった皆さま方に心から感謝申し上げます。

飛田和緒（ひだかずを）

料理家。東京で生まれ、高校の3年間を長野で過ごす。現在は海辺の街に夫、娘とともに暮らす。日々の食卓で無理なく楽しめる家庭料理や保存食を作り続けている。せっちゃんと十数年前に知り合い、せっちゃんの保存食が大好きで定期的に通って習っている。

せっちゃんこと堀田節子（ほったせつこ）

長野県在住。りんごの栽培を主にした農家のお母さん。農作業に、孫の世話に忙しい中でも、果実や野菜の保存食作りを楽しむ。季節ごとの保存食は、何も作れないほど忙しいときのごはんの助けになり、農作業の合間のお茶の時間を豊かにしている。

デザイン／L'espace（若山嘉代子　佐藤尚美）
撮影／澤木央子
スタイリング・撮影／久保原恵理
編集／相沢ひろみ
校正／麦秋アートセンター
協力／せっちゃんの会

信州《しんしゅう》・りんご農家《のうか》の知恵《ちえ》と工夫《くふう》

せっちゃんの保存食《ほぞんしょく》

2020年９月30日　初版発行
2021年６月25日　４版発行
著者／飛田和緒《ひだかずを》　せっちゃん（料理）
発行者／青柳昌行
発行／株式会社ＫＡＤＯＫＡＷＡ
〒102-8177　東京都千代田区富士見2-13-3
電話　0570-002-301（ナビダイヤル）
印刷所／凸版印刷株式会社

［お問い合わせ］
ＫＡＤＯＫＡＷＡカスタマーサポート
https://www.kadokawa.co.jp/（「お問い合わせ」へお進みください）
・内容によっては、お答えできない場合があります。
・サポートは日本国内のみとさせていただきます。
・Japanese text only

定価はカバーに表示してあります。

ISBN 978-4-04-896622-1　C0077